# ESTADOS UNIDOS
## na prática

Como funciona a maior potência mundial

Para minha mãe, meu melhor exemplo.
Para minha esposa e minha filha, minhas razões de viver.
Para minha irmã, minha sobrinha e meu cunhado, meus grandes elos.
Para meu pai, minha grande saudade.

Proibida a reprodução total ou parcial em qualquer mídia
sem a autorização escrita da editora.
Os infratores estão sujeitos às penas da lei.

A Editora não é responsável pelo conteúdo deste livro.
O Autor conhece os fatos narrados, pelos quais é responsável,
assim como se responsabiliza pelos juízos emitidos.

Consulte nosso catálogo completo e últimos lançamentos em **www.editoracontexto.com.br**.

# ESTADOS UNIDOS
*na prática*

Como funciona a maior potência mundial

## VIRGILIO GALVÃO

*Copyright* © 2019 do Autor

Todos os direitos desta edição reservados à
Editora Contexto (Editora Pinsky Ltda.)

*Imagem da capa*
Detalhe alterado de foto de Jaime Pinsky

*Montagem de capa e diagramação*
Gustavo S. Vilas Boas

*Coordenação de textos*
Luciana Pinsky

*Preparação de textos*
Lilian Aquino

*Revisão*
Bruno Rodrigues

Dados Internacionais de Catalogação na Publicação (CIP)

Galvão, Virgilio
Estados Unidos na prática : como funciona a maior potência mundial / Virgilio Galvão. – São Paulo : Contexto, 2019.
256 p.

Bibliografia
ISBN: 978-85-520-0162-1

1. Estados Unidos – Condições econômicas
2. Estados Unidos – Atualidades 3. Estados Unidos – Política e governo 4. Estados Unidos – História
5. Estados Unidos – Cultura I. Título

19-1583     CDD 330.793

Angélica Ilacqua CRB-8/7057

Índices para catálogo sistemático:
1. Estados Unidos – Condições econômicas e atualidades

2019

Editora Contexto
Diretor editorial: *Jaime Pinsky*

Rua Dr. José Elias, 520 – Alto da Lapa
05083-030 – São Paulo – SP
PABX: (11) 3832 5838
contexto@editoracontexto.com.br
www.editoracontexto.com.br

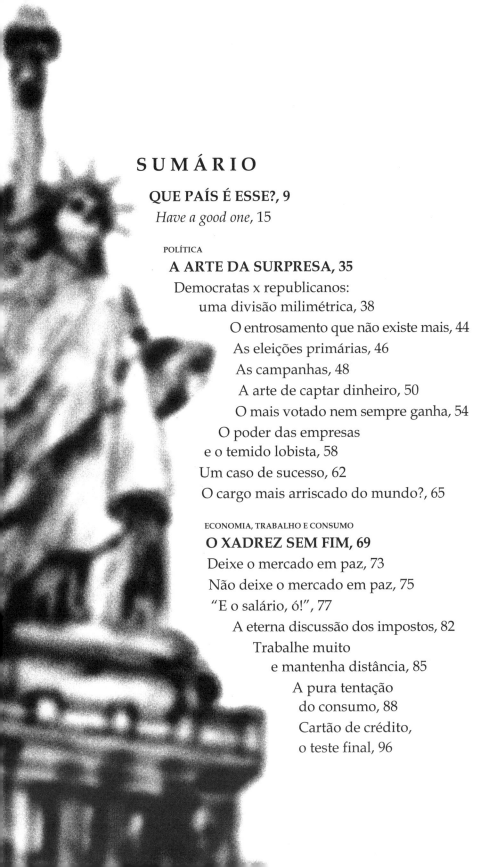

# SUMÁRIO

## QUE PAÍS É ESSE?, 9
*Have a good one*, 15

### POLÍTICA
## A ARTE DA SURPRESA, 35
Democratas x republicanos:
uma divisão milimétrica, 38
O entrosamento que não existe mais, 44
As eleições primárias, 46
As campanhas, 48
A arte de captar dinheiro, 50
O mais votado nem sempre ganha, 54
O poder das empresas
e o temido lobista, 58
Um caso de sucesso, 62
O cargo mais arriscado do mundo?, 65

### ECONOMIA, TRABALHO E CONSUMO
## O XADREZ SEM FIM, 69
Deixe o mercado em paz, 73
Não deixe o mercado em paz, 75
"E o salário, ó!", 77
A eterna discussão dos impostos, 82
Trabalhe muito
e mantenha distância, 85
A pura tentação
do consumo, 88
Cartão de crédito,
o teste final, 96

MINORIAS
## O PROBLEMA DAS DIFERENÇAS, 103
Os negros e a ferida que não cicatriza, 107
A eterna luta, 108
*#BlackLivesMatter*, 110
Depósito de negros, 112
Charlottesville, 115
Os hispânicos e o direito de ser americano, 118
Os mexicanos e a terra perdida, 120
Tensão na fronteira, 122
Tolerância zero, 126
Os Estados Unidos sem imigrantes, 129

SAÚDE
## O ETERNO DESAFIO, 133
Vou para a Tailândia, 138
"Vocês pagam muito por pouco", 140
Governo tímido, 144
*Obamacare*, 148
O benefício que virou ouro, 150
Vamos passear na CVS?, 152
*Dr. Feelgood* e os opioides, 155
A indústria que não sabe o que é crise, 161
Por quê?, 163
Fique ligado, 168

EDUCAÇÃO
## PASSADO NOTA 10, FUTURO INCERTO, 171
O drama do custo, 174
Briga de gente grande, 176
Qual o real valor de um diploma?, 180
K-12: o futuro das crianças em jogo, 184
Lições infinitas, 190
A sopa de letrinhas que define seu futuro, 197

ESPORTE
## PAIXÃO E NEGÓCIO, 201
O longo caminho de um atleta, 207
Fábrica de dinheiro, 212
Milionários e falidos, 214
Futebol americano, o mais popular, 216
O espetáculo do Super Bowl, 217
O grande adversário, 219
Basquete, o mais americano, 223
A perfeição nas quadras, 224
Beisebol, nostalgia em campo, 228
Uma única América, 230
O desafio das novas gerações, 231
Hóquei, em busca da supremacia, 233
Milagre no gelo, 235

CONCLUSÃO
## VALE A PENA MORAR NOS ESTADOS UNIDOS?, 241

**BIBLIOGRAFIA, 247**

**O AUTOR, 255**

# QUE PAÍS É ESSE?

Eu tenho certeza de que, ao ler esse título, você se lembrou da música homônima da banda Legião Urbana, aquela obra-prima composta por Renato Russo. Acertei? Pois é, não foi por acaso que o peguei emprestado para a introdução de um livro sobre os Estados Unidos.

Se você faz parte dos milhões de brasileiros que, em algum momento, sentiram vontade de sair do país, provavelmente os Estados Unidos estavam na sua lista. Talvez fosse a única nação da lista, afinal, com qual outra você tem tanta intimidade sem nunca ter morado nela? Sabemos onde estão as melhores lojas da Flórida, o nome do presidente, que o Central Park é o parque mais popular de Nova York e

que quem abastece o carro é o próprio motorista. Você saberia dizer os melhores lugares para fazer compras em Madri? Sabe o nome do presidente da Alemanha? Conseguiria lembrar-se do parque mais popular de Amsterdã? Ou seria capaz de dizer como se abastece o carro na Suécia?

A terra do Tio Sam parece ser a segunda casa de muita gente e qualquer coisa que acontece lá necessita de um comparativo com a situação análoga brasileira. Para muitos, os EUA são referência em tudo e os americanos estão sempre certos. A comparação não é muito vantajosa para nós, mas há um problema: há milhões que, assim como Renato Russo fez no Brasil, questionam fatos, comportamentos, leis, decisões, hábitos e tudo mais que afeta o cotidiano desse país. E não falo só das músicas de Bob Dylan, dos livros de Michael Moore ou dos filmes de Oliver Stone, o tom de discórdia é generalizado. Não que o patriotismo esteja em baixa – é fácil avistar bandeiras dos EUA na fachada de muitas casas pelo país. Acontece que uma coisa não elimina a outra, e os mais bem-informados sabem que os Estados Unidos enfrentam uma pedra no caminho em várias questões cruciais para o desenvolvimento sustentável. Em 2013, uma pesquisa conduzida pelo Pew Research Center mostrou que 70% dos americanos acreditavam que o país não é mais tão respeitado quanto no passado. Digite no YouTube a frase *"The most honest three and a half minutes of television ever"* (Os três minutos e meio mais honestos da televisão) e você assistirá um trecho do primeiro episódio da série *The Newsroom,* de 2012. O jornalista Will McAvoy (Jeff Daniels) é questionado por uma estudante sobre por que os Estados Unidos são o melhor país do mundo. Com semblante irônico, McAvoy começa a listar uma avalanche de estatísticas desfavoráveis e conclui: "O primeiro passo para resolver qualquer problema é reconhecer que ele existe. Os EUA não são mais o melhor país do mundo". Até minha última consulta, o vídeo havia sido visto por oito milhões de pessoas, o que me leva a suspeitar que um número considerável de gente concorda com McAvoy. Marc Tucker, presidente do National Center on Education and the Economy (NCEE), parece ser uma dessas pessoas. "Nós fomos tão dominantes por tanto tempo que é difícil aceitarmos que vários países estão nos superando". Ao comentar uma matéria sobre o declínio dos indicadores sociais do país, um leitor do jornal *The New York Times* radicalizou: "Os EUA são o país mais rico do Terceiro Mundo". Eu não iria tão longe, mas sempre digo que os Estados Unidos são um país de Primeiro Mundo com todos os problemas do Terceiro. Veja alguns:

A distribuição de renda não é nada animadora. Cerca de 40% de toda a riqueza do país está na mão dos chamados 1%, porcentagem correspondente à classe no topo da pirâmide social. Nenhuma outra nação do Primeiro Mundo possui tanta concentração de renda.

Uma em sete pessoas coloca comida na mesa de casa utilizando vales-alimentação distribuídos pelo governo.

Na educação, o momento é preocupante. Em competições internacionais, os estudantes americanos frequentemente ocupam as últimas posições entre os países mais desenvolvidos.

Os EUA possuem a maior população carcerária mundial, com cerca de 2,3 milhões de detentos. Esse número corresponde a 22% de todos os detentos do planeta. Há estados que gastam mais com prisões do que com universidades.

Saúde é um quebra-cabeça sem fim. Embora os Estados Unidos sejam o país que mais investe no setor entre as nações desenvolvidas, é também o que oferece a cobertura menos eficiente. A expectativa de vida dos americanos é mais baixa que a de chilenos, gregos e eslovenos, para ficar apenas com países fora do Primeiro Mundo.

A pesquisa científica tem um passado glorioso. Após a Segunda Guerra Mundial, os EUA lideraram o segmento, e você se beneficia do resultado quando escreve no computador ou se localiza com o GPS. Hoje, a maior parte desse investimento está concentrada em projetos de defesa.

Brasileiros costumam elogiar a qualidade das estradas americanas e a facilidade de se viajar de trem, mas nossa referência é sofrível e causa uma admiração que não é compartilhada pelo Primeiro Mundo. As estradas dos EUA são as mais perigosas entre os países desenvolvidos. Uma viagem de trem entre Boston e a capital Washington dura sete horas, ao passo que na China uma viagem de distância semelhante leva duas.

Problemas de infraestrutura não pouparam nem o Super Bowl, a final do futebol americano e maior audiência da TV. O jogo de 2013 foi interrompido por um blecaute de 34 minutos. Sabe-se que não havia monitoramento digital da transmissão de energia elétrica, um procedimento que já era adotado em várias potências.

A adulteração de carne que assustou o Brasil tempos atrás tem uma versão americana. Um milhão de pessoas sofrem de males decorrentes de substâncias tóxicas nos alimentos todos os anos.

Liberdade de imprensa está em baixa. Um índice internacional coloca os EUA em 46º lugar entre 180 países.

O empreendedorismo também já viu dias melhores. O número de jovens com menos de 30 anos abrindo seu próprio negócio despencou 65% desde 1980.

Para desespero dos ecologistas, os EUA são o segundo maior emissor de dióxido de carbono do Primeiro Mundo, atrás apenas da China.

As mulheres, apesar de obterem diploma de ensino superior em maior número que os homens, continuam recebendo salários menores. Em média, elas recebem 80,5 centavos para cada dólar recebido por homens, ao passo que na União Europeia são 84 centavos.

O tempo dedicado pelos americanos à leitura caiu 20,6% desde 2003.

O valor devido pelo governo, famílias e empresas dos EUA excede 250% do total produzido pelo país. No Brasil, essa relação é de 145%.

Falando em débito, americanos devem um total de 13 trilhões de dólares, recorde histórico.

Os suicídios recentes de Anthony Bourdain e Kate Spade são apenas o sinal mais visível de uma tendência perturbadora. A taxa no país aumentou 25% desde 1999, enquanto vem caindo no mundo inteiro desde 1994.

Difícil não se surpreender com esses dados do país mais admirado do mundo. Poucos cresceram sem venerar o modo de vida americano no qual, se nem todos tinham acesso a tudo que o dinheiro é capaz de comprar, a maioria tinha acesso ao mínimo que determina uma condição favorável. Hoje, milhões não usufruem mais desse conforto. Porém, para brasileiros obrigados a tolerar violência crescente, corrupção vergonhosa, impostos surreais, serviços capengas, gasolina adulterada, alta inflação e até o risco de ver seu time jogando na segunda divisão, os Estados Unidos são uma parada bem próxima do paraíso. Como um privilegiado residente, posso dizer que poucas experiências são mais encantadoras que morar nesse país formidável, interagir com pessoas valorosas, entender tradições fascinantes e aprender atitudes nobres. Mas não se esqueça que o país que nos recebe como morador não é o mesmo que nos recebe como turista. Morar no Brasil é muito diferente de se hospedar no Copacabana Palace, jantar no Fasano ou fazer compras na rua Oscar Freire. Aqui acontece o mesmo. Aquele tratamento simpático que você está acostumado a receber quando se hospeda no Holiday Inn, compra na Best Buy ou almoça no Hard Rock Cafe se transforma em um amontoado de problemas, burocracias e dificuldades. Não que você não será bem tratado nos lugares mencionados, mas a sua ânsia de consumo, mimos e conforto muitas vezes terá que dar lugar à necessidade de resolver chatices do cotidiano com as quais o turista não precisa se preocupar.

Qualquer cidade do mundo, como diz a música "Alagados", do Paralamas do Sucesso, "tem braços abertos num cartão-postal, com os punhos fechados na vida real", e aqui não é diferente. Cada vantagem tem seu custo e pagar essa conta pode ser bem difícil. Minha impressão é que os brasileiros que são bem-sucedidos nos EUA já o eram no Brasil, tendo eles simplesmente fugido de problemas típicos do Terceiro Mundo para ter uma vida sem más surpresas. Já a classe média faz planos de passar uma temporada nos EUA com a ideia de adquirir condições valorizadas no país, como fluência no inglês ou um diploma de uma universidade reconhecida. A maioria volta porque a expectativa de conseguir um bom emprego no Brasil com as novas habilidades é grande (mas nem sempre confirmada). No caso daqueles na base da pirâmide social, a questão é mais complicada. A chance de chegar pobre e sair rico é quase nula.

De qualquer maneira, poucos parecem desejar morar na Dinamarca, Suíça ou Holanda. Embora muitos indicadores sociais desses países sejam mais animadores, as letras "EUA" são um imã para sonhadores. Não é de hoje. No clássico livro *Da democracia na América*, de 1835, o francês Alexis de Tocqueville não economiza elogios ao espírito americano. "Nos Estados Unidos, nada me fascina mais que as condições de igualdade entre as pessoas". As palavras amáveis continuam ao se referir à eterna capacidade do país em receber imigrantes de todo o mundo. "Todo cidadão é capaz de se assimilar com os outros e se perde na multidão. Nada se destaca a não ser a grande imagem do povo". Então aqui vai o olhar de um paulista, morador de Nova York e observador incurável que atualmente tem o privilégio de se perder na multidão desse país inigualável.

## HAVE A GOOD ONE

Ao se despedir de alguém nos EUA, há uma grande chance de você ouvir a frase *"have a good one"*. Você saberia traduzi-la? Ok, talvez você não fale inglês, mas tenho certeza que ainda assim você é capaz de traduzir a expressão *"have a good day"*. Sim, significa "tenha um bom dia". Muito bem, fazendo uma associação rápida, a primeira expressão poderia ser traduzida literalmente como "tenha um bom". Apesar da omissão do período do dia, o significado é o mesmo. Mas por que se despedir com esse formato mais curto? A explicação resume perfeitamente à característica mais marcante dos americanos: a necessidade de não se perder tempo. Ao se omitir o período do dia, economiza-se cerca de um segundo. Se você costuma falar essa expressão dez vezes ao dia, vai economizar dez segundos diariamente. Achou pouco? Pois aqui dez segundos valem muito. Bem-vindo à terra do *Time is Money*, ou melhor, Tempo é Dinheiro.

Os americanos têm uma relação com o tempo diferente da nossa. Não vão se alongar para explicar onde fica a Macy's, também serão breves ao contar por que Abraham Lincoln foi o presidente mais carismático da história do país e novamente sucintos ao opinar sobre o melhor carro da atualidade. O que pode parecer sinal de antipatia é, na verdade, uma necessidade de ser objetivo. O brasileiro é prolixo por natureza e tende a encarar como grosseria quem não se estende ao falar, mas aqui nos EUA não há motivos para falar o desnecessário. Frases curtas e diretas são a regra, e se você falhar, na hora de ser ouvido, vai correr um enorme risco de ser interrompido ou simplesmente ignorado. Além disso, o seu inglês estará seriamente comprometido. Minha teoria é que muitos brasileiros têm dificuldades de se expressar em inglês porque querem falar o idioma da mesma maneira que falam o português, ou seja, sem objetividade. Há uma necessidade insana de explicar tudo nos mínimos detalhes. Frases que poderiam ser elaboradas com sete palavras acabam com trinta e assim temos uns vinte segundos desperdiçados. Ora, se o americano deixa de falar o período do dia para economizar um segundo, você acha que ele vai esperar vinte segundos para ouvir seus detalhes desnecessários?

Tempo aqui é prioridade absoluta. Entre ter mais tempo e ter qualquer outra coisa, o americano sempre opta pelo tempo. Não troca trinta minutos por uma refeição mais tranquila, não aceita um dia a mais de reforma para um melhor acabamento, também não espera mais um minuto por uma informação mais completa. Os americanos dificilmente vão passar o aspirador na casa, arear as panelas ou lavar o carro na mesma frequência que os brasileiros. O custo em horas é muito alto, e um serviço mais espaçado ou automatizado é a solução para quem se desespera em ver os ponteiros do relógio andarem. Se a imperfeição é o preço a se pagar pela economia de tempo, que assim seja. O tempo também rege comportamentos não muito diplomáticos para os padrões brasileiros. Se você for convidado para uma festa, vai perceber que ela tem horário para terminar. Ok, as festinhas em *buffet* infantil no Brasil também são cronometradas, mas você colocaria a hora do fim

*Que país é esse?*

da festa no convite de aniversário do seu filho que será comemorado na sua própria casa? Aqui se faz isso, e o anfitrião não terá nenhum problema em anunciar o fim da diversão. Compreensível, todo mundo já foi obrigado a suportar aquele primo bêbado que se recusa a ir embora horas depois do fim do churrasco. Aqui o priminho chato não tem vez.

Nos supermercados, já é possível escanear com o celular o código de barras de cada produto que você coloca no carrinho. Para pagar no autoatendimento, basta informar o número do seu cadastro e passar o cartão de crédito, sem precisar tirar os produtos do carrinho. Se você está se perguntando se é possível levar produtos para casa sem escanear (e consequentemente sem pagar), a resposta é sim, mas o eventual prejuízo com a desonestidade é compensado pela maior rapidez na hora de pagar, o que, por sua vez, gera um fluxo maior de pessoas por dia, ou seja, mais dinheiro no caixa. Essa operação também garante um dinheiro a mais para o supermercado por não necessitar de tantos funcionários para atender os consumidores.

Autoatendimento significa economia, por isso ele está em todo lugar, mas se você for atendido por um funcionário, vai perceber que ele também é instruído para facilitar o processo ao máximo em favor da fluidez. Brasileiros gostam de dizer que nos EUA é muito fácil fazer a devolução de uma compra. É verdade, em muitos casos você sequer vai precisar apresentar o recibo e será reembolsado em poucos minutos. O motivo é simples: o funcionário não pode perder tempo com você. O tempo dele vale muito mais que o possível prejuízo da sua solicitação. Pedir a conta em um restaurante é coisa de amadores. Terminou de comer e não vai consumir mais nada? A conta virá em um piscar de olhos e, em muitos casos, você deve se levantar e pagar no caixa porque o garçom não tem mais tempo a perder com você. Vai postar vinte cartas no correio? O funcionário da agência também não vai perder tempo pesando uma a uma; vai calcular um peso médio de três envelopes e cobrar o valor desse peso para os 20 que serão enviados. Não importa se alguns são mais pesados que outros, a fila anda (literalmente) e segundos valem ouro.

"Funcionário", porém, é uma palavra que pode cair em desuso logo. A chamada *humanless logistics* (logística sem humanos) é uma realidade. Se você já embarcou em um voo de uma companhia aérea americana, não só você fez o *check-in* nas máquinas de autoatendimento como também, dependendo do aeroporto, foi obrigado a colocar sua própria mala na esteira. Isso porque o processo "humanizado" compromete a produtividade. Pode parecer muita frieza, mas cada vez mais empresas preferem ter máquinas fazendo o serviço, e, ao contrário dos brasileiros, os americanos não enxergam isso como um problema, afinal estão acostumados a interagir com máquinas há décadas. As *vending machines* (máquinas automáticas de venda) servem Coca-Cola, sanduíches, chocolates, pulseiras, livros e camisinhas nas calçadas dos EUA desde o século XIX (ok, as camisinhas chegaram um pouco depois). As *jukeboxes* (vitrolas automáticas) embalam os bares desde os anos 1940. Aquela voz gravada de telemarketing que você odeia já atendia os consumidores daqui no início dos anos 1980. Ninguém mais se surpreende em interagir com mecanismos automatizados, e algumas empresas fazem comerciais mostrando com orgulho a eficiência que isso gera. O consumidor aprova porque no final isso se traduz em... adivinha? Mais tempo disponível.

Outro sinal de que vale tudo para se ganhar alguns segundos por aqui são os acrônimos. Eles estão por toda parte. Você pode tranquilamente falar "ASAP" em vez de "*As Soon As Possible*" (assim que possível) e não terá nenhum problema de entendimento. Também é possível falar "AKA" para "*Also Known As*" (também conhecido como). Você pode comprar medicamentos "OTC", ou seja, "*Over The Counter*" (sobre o balcão – aqueles que não precisam de receita médica) ou aproveitar um "BOGO" – "*Buy One, Get One*" (compre um, ganhe um). A lista é infinita, "IMO" – "*In My Opinion*" (na minha opinião), "BTW" – "*By The Way*" (a propósito), "FYI" – "*For Your Information*" (para sua informação), o famoso "FAQ" – "*Frequently Asked Questions*" (perguntas mais frequentes) e o onipresente "ATM" – "*Automatic Teller Machine*" (caixa eletrônico, mas que ultimamente também é usado como "*At The Moment*", ou seja, neste momento). O que você vai falar se um casal disser que está "TTC"? Minha dica é responder que você torce para tudo dar certo porque o casal está "*Trying To Conceive*" (tentando engravidar). Os casados que preferem não ter filhos são "DINK" – "*Dual Income, No Kids*" (rendimento duplo, sem filhos). Personalidades também são citadas dessa maneira. "JFK" se refere a John Fitzgerald Kennedy. Seu sucessor como "POTUS" – "*President Of The United States*" (Presidente dos Estados Unidos) – também mereceu uma abreviação. "LBJ", Lyndon Baines Johnson, assumiu a presidência logo após a morte de Kennedy em 1963. O irmão de JFK era "RFK", Robert Francis Kennedy, também assassinado em um hotel em "LA". Onde? Los Angeles. Esperamos que ambos "RIP" – "*Rest In Peace*" (Descansem em paz). No meu trabalho, os funcionários que fecham o departamento deixam um recado para quem vai abri-lo no dia seguinte. Ele sempre começa com "*GM Folks*" – "*Good Morning Folks*" (Bom dia, pessoal). Minha resposta é igualmente curta: "*TKS Folks*" – "*Thanks Folks*" (Obrigado, pessoal).

Outra solução para a eterna falta de tempo é a praticidade. Se você é muito cricri, pode não gostar dos traquejos facilitadores deles. Em um amigo secreto de final de ano da minha empresa, nós tínhamos que enviar a lista de opções para presentes. Até aí tudo bem, brasileiros também fazem isso, mas fiquei impressionado quando as listas também continham o devido lugar para comprar os presentes e o preço de cada um. Tenho um palpite que isso não daria certo no Brasil. E tem mais, não é difícil receber o pedido de um simples *gift card* (cartão de presente). Nesse caso, a praticidade tem mão dupla. O comprador só precisa carregar o cartão com um valor determinado e o presenteado poderá gastar esse valor em compras no local especificado no cartão. Esse tipo de presente movimenta uma quantidade astronômica de dinheiro, mais precisamente 127 bilhões de dólares por ano. Há um detalhe sobre esses cartões que expressa muito bem uma grande diferença entre brasileiros e americanos: quem presenteia o cartão costuma escrever o valor carregado no envelope, um pequeno sinal de que os americanos tratam a questão do dinheiro de maneira mais natural que nós. Minha teoria é que o *gift card* não é tão popular no Brasil por causa desse detalhe. Escrever o valor carregado é visto em nosso país como algo constrangedor. Para eles, isso não é problema algum.

    Dinheiro nos EUA é um assunto como outro qualquer e sem muita cerimônia. Veja o caso do meu amigo Scott, um americano que hospedei no Brasil tempos atrás. Ele me contou que, anos antes, havia pedido para se hospedar na casa do irmão por uns dias enquanto cuidava de sua mudança para a Coreia. O irmão naturalmente aceitou e, também naturalmente, mencionou o custo da hospedagem. Ao ver minha expressão de estranhamento, Scott me esclareceu que já esperava por isso. Eu perguntei como era possível cobrar um familiar nessa situação, e meu amigo, resignado, respondeu "Não sei, nós somos assim". Mas o fim da história não é tão cruel. Scott disse ao irmão que estava gastando muito dinheiro com a mudança e agradeceria muito se ele considerasse a situação

*Que país é esse?*

e deixasse de cobrá-lo. O irmão concedeu e Scott agradeceu imensamente o favor.

Não ter dinheiro nos Estados Unidos é um problema, mas não gostar de conversar sobre dinheiro pode ser um problema ainda maior. Por isso não surpreende a pesquisa da Ameriprise Financial, Inc., de 2016, indicando que respeitáveis 68% dos casais pesquisados consideram que o assunto finanças é tratado de maneira muito boa ou excelente. O dado fica mais interessante quando descobrimos que 73% dos pesquisados afirmaram gerenciar o dinheiro de maneira diferente do marido ou da esposa. Conclusão, a maioria dos casais discorda sobre como lidar com o dinheiro, mas ainda assim resolve os problemas de finanças sem grandes traumas. Falar sobre orçamento doméstico, poupança, investimentos e até testamento é fácil para 90% dos casais pesquisados em 2015 pelo Fidelity Investments Couples Retirement Studies. No Brasil, o dinheiro é o maior motivo de brigas entre casais, segundo uma pesquisa de 2016 feita pelo SPC Brasil.

O parágrafo anterior contém três dos milhares de estatísticas que fazem parte da vida dos americanos. E muitas outras virão ao longo deste livro. Todo e qualquer acontecimento necessita de uma estatística. Se você ler a notícia de que as mulheres votaram mais que os homens na última eleição, vai descobrir que há 42 anos as mulheres não votavam em maior número que os homens em 19 estados do país. Se um jogador de basquete termina o primeiro tempo de um jogo em Portland com 23 pontos marcados, a tela da sua TV será invadida por um quadro mostrando que somente 4 jogadores nos últimos 67 anos haviam pontuado o mesmo tanto no primeiro tempo de partidas realizadas em Portland. Uma artista de 23 anos ganhou o Oscar de melhor atriz coadjuvante? Você imediatamente vai ser informado que havia 36 anos que

21

uma atriz dessa idade não recebia a estatueta da categoria. Há estatística para tudo. A capital Washington, por exemplo, lidera em três delas: taxa de conclusão de curso superior, consumo de vinho e horas gastas na internet com vídeos eróticos. Quer saber mais? Fique à vontade, o limite é a sua curiosidade; pesquise no Google e saiba com quantos galões por ano o americano de mais de 58 anos abastece seu carro, qual a porcentagem de sorvete de baunilha consumida por crianças de cabelo castanho-escuro durante o verão ou o número médio de gatos em casas térreas da Califórnia.

Minha impressão é que os números são importantes para os americanos porque dão uma ideia de preferências diante de milhares de opções. Se você é uma pessoa indecisa, terá problemas. Em nenhum outro lugar você pratica a arte da escolha com tanta intensidade. Nada é muito simples, tudo tem milhares de variáveis. Escolher um boné em uma loja é um sofrimento, pesquisar passeador de cachorros na sua região vira tarefa homérica, comparar os planos de celular dá tonturas e fazer um pedido em um restaurante é como um interrogatório. "O senhor quer molho rústico, *barbecue* ou *dijon*? O acompanhamento será batatas, salada ou feijão mexicano? Deseja o refrigerante no tamanho família por apenas um dólar a mais? Aceita a promoção de 3 sorvetes com 40% de desconto? Quais os sabores? Infelizmente nesta promoção só há 19 opções. O café é preto, com leite, descafeinado, colombiano rústico ou árabe *deluxe*? Deseja responder uma pesquisa para receber 5% de desconto na sua próxima visita?"

Falando em desconto, você pode achar tudo muito barato por aqui, seja um tênis Nike por 69 dólares, uma boneca Barbie por 23, calça Levi's por 38 ou um relógio Swatch por 54. Realmente são preços tentadores, mas quem mora aqui não vai ao *outlet* todo final de semana. As preocupações da vida diária são outras. Como encontrar um lugar para morar bem localizado e com aluguel acessível? Onde conseguir emprego bem pago? O que fazer para ter uma cobertura médica? O barato para o turista pode ficar caro para o morador. Brasileiros reclamam que uma passagem de São Paulo para Buenos Aires é mais barata que de São Paulo para Recife, mas não pensam duas vezes em comprar uma passagem de Nova York para São Francisco, mais cara que de Nova York para Cancún. Preço de carro é uma comparação usual; brasileiros vão à loucura quando ficam sabendo, por exemplo, que um Mustang zero quilômetro pode ser comprado por 30 mil dólares aqui. Ok, mas nem todos sabem que 30% dos carros novos são adquiridos na forma de *leasing*. Esse tipo de consumo, não tão comum entre pessoas físicas no Brasil, pode ser resumido como um aluguel de longo prazo. O veículo não pertence ao consumidor, está emprestado mediante pagamentos mensais bem abaixo daqueles que seriam feitos em caso de compra. Por isso, nem sempre há motivos para invejar aquele jovem dirigindo um Mustang em Miami Beach. Há grandes chances de o rapaz estar dirigindo um carro que não é dele. A grande vantagem do *leasing* é que, ao fim do contrato, é possível comprar o carro pagando a diferença entre o valor de mercado e o valor já pago, mas a maioria opta por devolver o veículo e fazer o *leasing* de um modelo mais novo. Assim, aquele rapaz de Miami Beach vai poder exibir um carrão novo em folha.

Falando em Miami Beach, as praias aqui não têm arrastão, mas são aproveitadas por um curto período do ano. A Flórida costuma ser generosa, mas ainda não bate nossas praias disponíveis praticamente o ano inteiro. Já a neve é linda no cinema, mas uma grande dor de cabeça fora das telas. Pode ter certeza que não é nada romântico caminhar sobre ela às seis horas da manhã até a estação do metrô e, de graça, você ainda ganha uma temperatura negativa da qual você nunca vai se proteger o suficiente com as roupas de inverno que comprou naquelas férias em Gramado. E dependendo do estado onde mora, você será responsável por deixar a calçada da sua casa em condições de uso para pedestres. Você tem ideia do trabalho que dá remover a neve com uma pá? Nem queira saber.

Esse "dependendo do estado" do parágrafo anterior é algo que se aplica a milhares de situações. As legislações estaduais se diferenciam muito. Para entender melhor, vamos falar rapidamente de história. Os Estados Unidos conquistaram a independência em 1776. Até então, suas 13 colônias originais (representadas nas 13 listras vermelhas e brancas da bandeira) tinham total autonomia e seus habitantes não eram familiarizados com a presença de um poder público centralizado. Sequer havia uma moeda comum. Não se enxergava naquele momento uma nação; cada um buscava apenas os interesses de sua própria colônia. Após a independência, as discussões entre os federalistas (pró-união) e antifederalistas (pró-autonomia) geraram a Constituição de 1789, que, para conciliar os interesses, previa um presidente como chefe de Estado (sendo George Washington o primeiro), mas também uma enorme autonomia para as lideranças locais de cada um dos estados que formavam a nova República.

Essa autonomia dos estados permaneceu no horizonte, e até hoje o que é permitido em um pode não ser em outro. Em qualquer tema que haja algum tipo de legislação – salário mínimo, incentivos fiscais, venda de bebida alcoólica, uso de capacete por motociclistas, tipo de urna em eleições, raça de cachorro permitida, altura mínima de pontes ou preço máximo de um ingresso para jogos de basquete –, as regras são diferentes em cada estado. Escrevi logo na abertura deste livro que os próprios americanos abastecem o tanque do carro. Há exceções: no estado de Nova Jersey e em algumas regiões do estado de Oregon, o autoatendimento é proibido por lei. Se você quiser fazer um estudo sobre frentistas americanos, já sabe aonde ir, mas tenho um palpite que você não vai achar muitos nativos fazendo esse serviço.

Os imigrantes estão em toda esquina. Quando eu mostrar as estatísticas no capítulo "Minorias – o problema das diferenças", você vai poder brincar de adivinhação e escolher o ano em que eles serão maioria. Hispânicos, asiáticos, africanos e tantos outros estão por toda parte e o idioma de cada grupo é preservado na família e na comunidade como sinal de resistência. Isso quer dizer que aquela antiga percepção de que americanos são monoglotas está cada vez mais caindo por terra. Milhões deles têm sido educados de maneira bilíngue – inglês na escola e o idioma da família em casa. De acordo com o Center For Immigration Studies, 20% dos americanos são fluentes em um segundo idioma. No Brasil, menos de 5% são bilíngues.

Aliás, morar nos EUA com o intuito de dominar o inglês não é uma ideia ruim, mas há uma razoável chance de frustração. Muita gente pensa que o inglês vai entrar no cérebro sem esforço ao ter contato diário e frequente com a língua. Não é tão fácil. O primeiro problema é que você não vai se entrosar com um americano tão facilmente; o segundo é que ele não vai ficar conversando com você por horas a fio (a não ser que esteja apaixonado); o terceiro é que você não vai memorizar tão facilmente tudo que ouvir; o quarto é que há uma grande tendência de se buscar contato com conterrâneos quando bate aquela saudade da nossa terra; o quinto problema... espera, não vou ser tão pessimista. Aí vai minha opinião sobre a melhor maneira de se adquirir fluência no inglês.

Acredito que a fluência é uma combinação de paciência e estratégia. O estrangeiro deve aprender inglês em escolas de idiomas de seu país por conta do custo mais acessível e, enquanto isso, economizar dinheiro para fazer um curso nos EUA. Pode ser uma faculdade de administração, uma pós-graduação em geopolítica ou um curso de coquetelaria. No momento certo, terá o capital e o nível de inglês necessários para estudar nos EUA. Desse modo, o estudante terá mais chance de fazer amizades com nativos ou estrangeiros com um nível semelhante de fluência, pois dificilmente alguém que não fala inglês tão bem vai fazer um curso desses.

Quando eu digo amizades com nativos, não espere intimidade. Ninguém vai convidá-lo para um churrasco em um domingo à tarde após três meses de curso. Sempre haverá uma distância regulamentar e o contato não é tão caloroso como estamos acostumados. Os americanos não se expõem tão facilmente, e uma amizade profunda é prova de identificação que demanda tempo e confiança.

Esse receio é ainda maior no ambiente de trabalho. *Happy hour* ou almoço de confraternização não são tão incomuns, mas a rotina diária é mais sisuda. Os ambientes são, em geral, mais individualizados e silenciosos, porque se conversa muito menos, e é muito comum as pessoas almoçarem na própria mesa de trabalho sem deixar de fazer as tarefas. Quando alguém sai para almoçar, significa que vai pegar uma refeição na rua e voltar. Ir a um restaurante e ali ficar por uma hora é privilégio de poucos e, em geral, em cidades pequenas. Tomar um cafezinho à tarde não significa fazer aquela pausa de meia-hora com os colegas, mas buscar a cafeína rapidamente na máquina automática.

Trabalhar no EUA significa muitas vezes conhecer o outro lado da moeda. No comércio, por exemplo, você percebe facilmente que o baixo preço significa uma pequena margem de lucro insuficiente para manter uma empresa lucrativa em uma grande e cara cidade que você provavelmente escolheu para morar. O salário dos funcionários foi um dos escolhidos para equilibrar essa conta.

Essa massa gigantesca de gente ganhando pouco e trabalhando muito não sabe o que é visitar o Museu de História Natural, em Nova York, almoçar no Quincy Market, em Boston, ou passear de bonde em São Francisco. A eterna falta de tempo e a necessidade de economizar fazem com que o plano de ter tais experiências sejam adiado *ad infinitum*. Assim como muitos cariocas nunca foram ao Cristo Redentor e muitos paulistas não conhecem a Pinacoteca, a maioria aqui resiste a enfrentar filas e gastar um bom dinheiro em programas que não precisam ser feitos imediatamente. Não se iluda! Jamais venha morar nos EUA com a cabeça de turista. Uma coisa é uma coisa, outra coisa é outra coisa.

Moradia em si já é um grande problema. Não é barato, simples assim. Nos grandes centros você vai ter que escolher entre espaço e preço acessível. Dividir um apartamento ou quarto é quase obrigatório para uma parcela gigantesca que não está nadando em dinheiro e, ainda assim, talvez você tenha que morar longe das áreas mais badaladas. Aquele apartamento bacaninha da turma do seriado *Friends* em Manhattan está longe de ser uma realidade para quem não tem 4 ou 5 mil dólares para torrar todo mês no aluguel. E não é só você que está apertado de grana, por isso a procura por regiões mais afastadas aumentou significativamente. Maior procura, preços mais altos. Não pense que é fácil encontrar pechinchas no Queens ou no Brooklyn, tradicionais alternativas fora de Manhattan. Milhões são empurrados para cidades mais afastadas e muitos moram no estado vizinho de Nova Jersey. Outros foram mais longe e se fixaram em Connecticut, e tem até gente trabalhando em Nova York e morando na Pensilvânia. A vantagem é que, em geral, há transporte público razoavelmente eficiente ou infraestrutura para andar de carro com alguma fluidez. Nova York está no primeiro grupo, Flórida e Califórnia no segundo. Veja bem, eu disse "razoavelmente eficiente" e "alguma fluidez", ou seja, não são situações ideais, mas funcionam melhor do que nas grandes cidades do Brasil.

Os estados americanos das costas leste e oeste costumam ser mais cosmopolitas. Na costa leste, Nova York, Flórida, Massachusetts e Maryland se destacam em diversidade. Se você estranhou Maryland na lista, esse é o estado que abriga o distrito de Columbia, onde fica a capital do país, Washington. Na costa oeste, o estado da Califórnia sozinho impõe respeito nesse quesito. Algumas cidades fora das costas como Chicago, Houston e Milwaukee ocupam altas posições no *ranking* de diversidade, mas no sul e meio-oeste há uma tendência maior de concentrar famílias mais conservadoras e com menor mistura de raças, etnias e culturas.

Essa divisão também pode ser usada como base, mas não como regra, para entender as ramificações políticas e religiosas do país. Estados mais tradicionalistas são a base do Partido Republicano, considerado mais conservador e defensor das garantias individuais. Estados mais cosmopolitas tendem a apoiar o Partido Democrata, visto como liberal e preocupado com o bem-estar coletivo. Os protestantes ainda são maioria, apesar da tendência de queda nos últimos anos – 46,5% da população – e concentram-se mais nos estados republicanos. Católicos vêm na sequência com 20,8% e são mais comuns nos estados democratas. Entre as minorias, mórmons, judeus, agnósticos e ateus são os mais bem representados.

Por conta da grande diversidade do país, há uma preocupação em não ofender cada tradição religiosa, por isso não se ouve mais "*Merry Christmas*" (Feliz Natal) com tanta frequência no período natalino. Está ficando cada vez mais comum o "*Happy Holidays*" (Boas Festas), uma vez que várias religiões não reconhecem o Natal da mesma maneira que os cristãos. Claro que nem todos gostam da ideia, e a rede Starbucks enfrentou problemas com isso. No período natalino de 2015, as lojas da rede serviram café em um copo vermelho sem qualquer mensagem. A explicação oficial era que a empresa respeitava as diferenças entre religiões e que não desejava causar desconforto entre sua clientela religiosamente diversa. No meio da chuva de protestos dos cristãos, os americanos mostraram toda sua criatividade para o contra-ataque. Quando o atendente perguntasse o nome do cliente, bastava responder *Merry Christmas*. O funcionário seria obrigado a escrever o "nome" no copo do café e, melhor ainda, chamar em voz alta o cliente *Merry Christmas* quando o pedido estivesse pronto. E você achava que o tal "jeitinho" era exclusividade nossa, não é?

Os brancos aqui são ampla maioria, 77% da população, enquanto os negros respondem por 13%. Muitos não sabem, mas os hispânicos são em maior número que os negros, 17% (embora alguns não concordem em comparar estatisticamente raça e etnia). Negros e hispânicos formam fortes grupos de resistência e luta contra a segregação. Enquanto os primeiros partem para a briga direta com grupos como o *Black Lives Matter* (Vidas Negras Importam), os últimos preferem formar comunidades em que trabalho, vida social e consumo ficam concentrados entre eles. A formação de blocos entre as minorias é essencial para a sobrevivência porque, na maior parte das vezes, essas pessoas vivem em áreas mais violentas.

O problema da violência não é tão visível quanto no Brasil. Você dificilmente terá sua bolsa roubada na rua, tampouco será abordado por um menor armado ao sair do carro, mas todas as cidades de médio e grande porte possuem bairros mais problemáticos. Para a proteção do indivíduo e sua família, a Constituição americana garante o direito de se portar armas de fogo e muitos brasileiros fazem questão de lembrar esse detalhe nas discussões recentes sobre o assunto no Brasil. De fato, os EUA são muito mais condescendentes, mas não é a festa que muitos imaginam. As condições para se portar armas variam entre os estados. Alguns permitem o porte caso a justificativa para o uso seja aprovada, outros o proíbem a partir de determinado calibre e há ainda casos em que a arma não pode ser levada na cintura ou em qualquer parte do corpo, deve ficar em algum compartimento para que não esteja à vista. Isso tudo quer dizer que morar nos EUA não significa ter autorização automática para portar armas, esse direito vai depender de muitas particularidades da legislação estadual em sua região. Assim mesmo, a indústria armamentista é tão rica e poderosa que milhares de projetos de lei prevendo o desarmamento foram esquecidos.

Outra indústria milionária é o esporte. Aqui também existe a tradição de se esparramar no sofá em um domingo à tarde para ver um jogo. Futebol americano, basquete, beisebol e hóquei dominam as preferências, mas os canais de TV especializados transmitem desde o campeonato australiano de arco e flecha, passando pelo desafio de críquete entre Malásia e Índia, até as finais de squash na Bélgica. O nosso futebol, ao contrário do que muita gente pensa, é cada vez mais popular. Não é difícil passar por um parque ou escola e ver a garotada jogando uma pelada. O futebol feminino profissional é reconhecidamente forte, enquanto o masculino ainda tem lenha para queimar. Mas pode ter certeza que isso vai mudar em breve; a liga de futebol masculino do país, Major League Soccer (MLS), está atraindo cada vez mais investidores, e já é possível ver nomes de ponta jogando nos campos americanos (embora a maioria esteja nos seus últimos anos de carreira). Americano não dá ponto sem nó, quando investimentos são feitos, resultados aparecem.

O estilo casual do estadunidense se vestir é mundialmente conhecido e imitado. Nike, Tommy Hilfiger, GAP, Calvin Klein, Michael Kors e tantas outras grifes fazem a festa dos turistas do Brasil e do mundo. Já no que diz respeito ao estilo mais formal, os americanos são menos influentes. A tão valorizada praticidade nem sempre combina com o padrão europeu a que estamos acostumados. A sobriedade também não é tão utilizada quanto na Europa. Ao contrário do Velho Mundo, por aqui as peças vão muito além do preto, cinza e azul escuro. Cores claras e mais "alegres" podem ser um diferencial positivo, mas a chance de errar é maior. Talvez por isso, ninguém perde a chance de rir de si mesmo, e o *ugly sweater* (suéter feio) entrou na lista de tradições americanas. Não se sabe como a coisa começou, mas tudo indica que o ator Bill Cosby deu o estalo inicial em sua icônica série *The Cosby Show*. Seu personagem, Cliff Huxtable, tinha um certo fetiche por suéteres com cores e padrões de gosto duvidoso. A partir de 2001, esse tipo de peça começou a ficar mais popular por representar uma atitude blasé em relação à opinião alheia, e a tradicional Festa do Pijama começou a dar lugar à Festa do Suéter Feio. Junte a isso o eterno hábito da terceira idade em presentear os netos com um suéter de tricô no Natal e surge o *ugly Christmas sweater* (suéter feio de Natal). Daí para a mais nova tradição natalina foi um passo e hoje não há um dia próximo ao Natal em que não se veja alguém vestindo um legítimo *ugly Christmas sweater*. A fórmula mais comum é composta de cores vivas, tamanho grande e motivos natalinos muito... exóticos.

Os elegantes franceses talvez olhem torto para esse tipo de costume, mas, surpreendentemente, os americanos parecem admirar cada vez mais alguns hábitos comuns na França. Há um grande questionamento sobre como criar os filhos diante de um cenário cada vez mais desafiador, e os pais franceses são motivo de admiração porque não se vê crianças francesas fazendo escândalo em corredores de supermercados. Como se não bastasse criar filhos bem-educados, as francesas ainda conseguem se manter lindas e magras, e (a falta de) magreza tem sido um problema crônico entre os americanos.

Segundo a organização World Obesity, entre os americanos, 35% dos homens e 40% das mulheres são obesos. No Brasil, o índice é de 12,5% e 17% respectivamente. As crianças também não escapam, e a obesidade infantil registra média de 16%, mas o índice pode chegar a assustadores 40% em algumas regiões. Os estados do sul disparam na liderança, ao passo que a maioria dos estados costeiros estão na outra ponta da estatística. Uma das explicações é que o sul, predominantemente rural, mantém tradições alimentares não muito bem vistas atualmente. Frango frito, laticínios, carne de porco e batata são sagrados. Estados como Califórnia e Nova York aproveitam a influência da culinária estrangeira oferecida por milhões de imigrantes para fugir da combinação comprometedora. Além disso, a proximidade com o mar estimula corpos descobertos, e um ambiente corporativo vigilante alimenta a vaidade.

O problema é convencer alguém aqui a mudar sua dieta porque isso coloca em xeque um dos grandes pilares deste país: a liberdade individual. Não há orgulho maior para o americano que exercê-la. Essa questão é tão importante que poucos ousam palpitar sobre a vida alheia. A liberdade está lá na Constituição, e qualquer tentativa de julgar uma opinião ou atitude é vista como ofensa. Até mesmo as leis e regras que todos devemos cumprir deixam espaços para o livre-arbítrio. Veja o caso da habilitação. Os testes práticos são infinitamente mais fáceis que no Brasil (e os carros automáticos ainda dão uma forcinha a mais), mas as consequências de uma irresponsabilidade no trânsito são mais graves. Isso quer dizer que o Estado não vai exigir pleno domínio da habilidade para dirigir, vai deixar você decidir se deve ou não conduzir um veículo. Caso você decida dirigir e causar um grande dano, será penalizado duramente porque tomou uma decisão que se provou errada. E não para por aí: dezenas de regras de trânsito deixam as possibilidades abertas para você julgar e agir. Virar à direita no farol vermelho, por exemplo, é permitido desde que não apresente perigo para outros motoristas e pedestres. Entendeu o recado? A decisão é sua, mas a consequência também é.

Com a liberdade individual garantida, os americanos não pensam duas vezes ao questionar "que país é esse?". Também deixam claro que não aceitam o estado de coisas como ele tem se apresentado. Todos aqui sabem que questionar significa debater possibilidades e buscar soluções, e poucos países alcançaram uma capacidade de escutar e respeitar todos os lados como os Estados Unidos. Assim, não surpreende tamanha influência dessa nação. Se você nunca visitou os EUA, provavelmente quer vir. Se já conhece o país, provavelmente quer voltar. Caso venha, certamente vai ler em algum lugar do aeroporto a frase que tomo emprestada para finalizar esta introdução e guiá-lo pelas páginas seguintes: *"Welcome to the United States of America"*.

■

POLÍTICA
# A ARTE
# DA SURPRESA

Políticos são políticos em qualquer lugar, por isso uma enorme fatia da população mundial tem uma relação de (pouco) amor e (muito) ódio com eles. Enquanto alguns são capazes de manobras geniais, outros surpreendem por serem ultrajantes. Não preciso desperdiçar o seu tempo enumerando os inacreditáveis exem-

plos brasileiros, mas o Primeiro Mundo também não escapa dessa sina, e nos Estados Unidos já aconteceu de tudo: assassinato, renúncia, prefeito viciado em drogas, presidente infiel, governador requisitando serviço de prostituição, estrela de Hollywood no comando... A lista vai longe. Em 2016, essa peculiaridade chegou à estratosfera quando um milionário-estrela-de-reality-show foi eleito presidente do país, uma das maiores zebras da história das eleições mundiais.

Quando Donald Trump foi confirmado para concorrer ao cargo pelo poderoso Partido Republicano, muitos consideraram uma piada; mas havia um pequeno detalhe: Trump é um empresário muito bem-sucedido, e ser bem-sucedido nos EUA não é um pecado mortal como no Brasil – é exemplo. Mais do que isso, Trump deixou de lado o discurso politicamente correto e não usou meias-palavras. Bateu muito e bateu forte. Ao deixar a diplomacia de lado, suas palavras soaram como música para uma enorme camada da população frustrada com oito anos de governo Obama. Barack Obama foi um dos presidentes mais carismáticos da história dos EUA, mas, em aspectos práticos, sua administração cometeu falhas notáveis: não propiciou um crescimento convincente da economia, não deu fim à guerra do Afeganistão, não impediu a devastadora consequência da crise dos imóveis de 2008 e não cerceou o terrorismo. O grande trunfo de Trump era poder acusar sem ser acusado. Trump contou com a ajuda do famoso articulista político Roger Stone, um veterano em eleições que não vê qualquer diferença entre o processo eleitoral e entretenimento. Foi exatamente essa combinação que Donald Trump proporcionou. Assim, no ano eleitoral de 2016, aparecia o fenômeno "eleitor de armário", aquele que vibrava com o discurso inusitado de Trump, mas não expressava apoio.

Trump fez comentários pejorativos sobre muçulmanos, hispânicos e mulheres. Do outro lado, Hillary Clinton fez a afirmação mais infeliz da campanha em um evento de gala para a comunidade LGBT: "Sendo grosseiramente generalista, você pode colocar metade dos eleitores de Trump naquilo que chamo de cesta de deploráveis, certo? Racistas, machistas, homofóbicos, xenofóbicos, islamofóbicos, pode escolher". A essa altura, a campanha de 2016 começava a ser classificada como uma das mais sórdidas de todos os tempos.

Chegado o momento dos debates, muitos ligaram a TV com a única intenção de ouvir as pérolas do republicano. É bem verdade que o interesse por política caiu, mas os debates sempre são vitais para a vitória de qualquer lado. Ficou famoso o primeiro debate transmitido pela TV americana em 1960, quando o jovem John Kennedy apareceu bronzeado, sorridente e bem arrumado, enquanto o adversário Richard Nixon parecia pálido, nervoso e inseguro. Kennedy foi considerado vencedor do debate não tanto pela retórica, mas pela imagem positiva que impregnou na mente dos eleitores. Em 2016, o apelo dos debates passou a ser o discurso insólito de Trump. Sua única característica previsível era a imprevisibilidade. Existe (falta de) roteiro melhor? A audácia não tinha limites. Ao ser questionado por não pagar impostos, respondeu: "Isso significa que sou esperto". Não é de se surpreender que o debate de 26 de setembro registrou incríveis 81,4 milhões de televisores ligados.

No dia da eleição, era claro que pouquíssimos estavam preparados para a vitória do republicano. Pesquisas chegaram a indicar 93% de chance de vitória para Hillary Clinton. Um dos grandes aliados do empresário, Jim Acosta, disse que seria preciso um milagre para a vitória de Trump. Aos poucos os jornalistas começaram a divulgar os resultados parciais com um ponto de interrogação na testa. Especialistas foram requisitados para explicar uma performance muito diferente da prevista. A sensação de "o que está acontecendo?" era visível. As conversas entre jornalistas e convidados ficaram cada vez mais quentes. Van Jones, coapresentador do programa *Crossfire* da CNN e respeitado ativista político, mostrou irritação ao vivo com a vitória de Trump cada vez mais real. As 2h40 da madrugada, Hillary Clinton jogou a toalha e parabenizou Donald Trump pela vitória. Mike Murphy, estrategista republicano que nunca comprou a candidatura de Trump, foi categórico: "Esta noite, as pesquisas morreram". Um pouco radical, as pesquisas continuam por aí, mas o que não morre jamais é a rixa entre os dois maiores partidos do país.

## DEMOCRATAS X REPUBLICANOS: UMA DIVISÃO MILIMÉTRICA

Qualquer pessoa sabe que o Partido Democrata e o Partido Republicano dominam a cena política americana, mas muitos não sabem as ideias que cada um representa. Nunca devemos generalizar – são inúmeros perfis em cada partido –, mas é possível identificar algumas tendências de décadas.

Os democratas representam os liberais e entendem que o governo deve atuar ativamente para corrigir algumas injustiças que o mercado impõe aos cidadãos, principalmente os de baixa renda. São adeptos do governo grande. O *Obamacare*, ato assinado por Barack Obama que democratizou o acesso à saúde, é um grande exemplo. Os republicanos, por outro lado, representam os conservadores e pensam que o mercado deve se regular sozinho porque as oportunidades estão abertas para todos, portanto há menos interferência quando estão no comando. São adeptos do governo pequeno. Ficou famosa a frase do ex-presidente republicano Ronald Reagan em seu discurso inaugural como mandatário, em 1981: "Na crise atual, o governo não é a solução dos nossos problemas, o governo é o problema". Democratas acreditam na igualdade de resultados, por isso o governo deve se esforçar em distribuir a riqueza de maneira uniforme, enquanto os republicanos acreditam na igualdade de oportunidades, por isso o governo não deve interferir em uma situação que se forma de acordo com o mérito de cada um. Democratas defendem mais impostos e maiores gastos do governo para garantir a igualdade, republicanos defendem menos impostos e contenção de gastos para garantir a justiça.

Mas em questões de comportamento e moral, os papéis se invertem. Os republicanos interferem mais com ações muitas vezes consideradas antiquadas. Aborto e casamento gay encontram resistência forte entre eles. Já os democratas encaram a sociedade como uma instância em eterna mutação e procuram agir de acordo com os novos costumes, por isso são constantemente acusados de populistas. Um bom exemplo dessa diferença foi o caso dos anticoncepcionais. Na esteira do *Obamacare*, democratas obrigaram as empresas a incluir a cobertura de controle de natalidade em seus planos de saúde. Menos de um ano após tomar posse, Trump e os republicanos revogaram tal obrigação. Os democratas são vistos como *pro-choice* (pela livre escolha) e os republicanos como *pro-life* (pela vida). Democratas tendem a atrair os mais jovens, minorias e sindicatos. Republicanos se garantem com a terceira idade, endinheirados e graduados do ensino superior.

O momento atual é ilustrado perfeitamente pela frase do político e filósofo italiano Antonio Gramsci: "A crise consiste precisamente no fato de que o velho está morrendo, e o novo ainda não pode nascer". Diversidade racial, imigração em massa, secularismo crescente, empregos instáveis e estruturas familiares diversas são apenas alguns pontos que alimentam a enorme variedade de convicções entre os partidos. Para cada revolução, uma contrarrevolução, e assim democratas e republicanos se alternam no poder. Em um ciclo predomina a preocupação com os vulneráveis, diversidade sexual e religiosa, integração entre raças, diplomacia e encorajamento aos avanços científicos. Em outro, predomina o respeito ao indivíduo e à propriedade, a autodisciplina, a crença na família tradicional, preocupação com a defesa militar e a valorização do mérito.

Para quem não se identifica com democratas ou republicanos, há uma terceira via formada por alguns partidos menores como Partido Verde, Partido da Reforma e Partido Libertário. A eleição presidencial de 2000 é considerada o momento de glória de um azarão. O candidato do Partido Verde, Ralph Nader, beliscou 2,7% dos votos, e muitos acreditam que esse feito foi determinante para a vitória de George W. Bush por roubar votos preciosos do adversário Al Gore.

O tão falado *Tea Party* não é um partido, mas uma rede de diversos grupos conservadores fortemente ligada ao Partido Republicano que prega, entre outras coisas, livre mercado, baixos impostos corporativos e extrema contenção de gastos por parte do governo, ou seja, uma plataforma republicana mais radical. Nem todo republicano se alinha com o *Tea Party*, mas o prestígio do grupo é justificado pelo seu grande poder econômico. O termo *"Tea Party"* não foi escolhido por acaso e remete a um importante evento histórico de mesmo nome. Em 1773, a Coroa Britânica isentou a empresa mercantil East India Company de alguns impostos sobre a importação de chá. Outros importadores do produto, baseados nas colônias americanas, não gostaram do tratamento desigual, e um movimento de oposição brotou nas cidades onde o chá era descarregado: Nova York, Filadélfia, Charleston e Boston. O protesto mais radical e que entraria para história aconteceu em 16 de dezembro, quando dezenas de manifestantes invadiram navios ingleses e jogaram 46 toneladas do produto nas águas do porto de Boston. O episódio é considerado um dos embriões da Revolução Americana, que culminou na independência dos Estados Unidos em 1776. Impostos, portanto, são a principal ligação entre o *Tea Party* do século XVIII e o do século XXI. A título de curiosidade, o *Tea Party* original interrompeu o hábito de se tomar chá por aqui por ser considerado antipatriótico. O café foi o substituto imediato, e o Brasil agradece até hoje exportando o produto.

Por último, ainda há uma ala de independentes. São candidatos que não estão filiados a nenhum partido. O primeiro presidente do país, George Washington, foi o único a ser eleito para o cargo como independente. Mais recentemente, o milionário Ross Perot se destacou nas eleições de 1992 ao conseguir participar dos debates televisivos e conquistar 18,9% dos votos. Perot chegou a liderar algumas pesquisas de opinião pública, uma façanha admirável.

Os EUA possuem um mapa bem dividido politicamente. O Partido Democrata predomina nas costas com os chamados "estados azuis". A costa oeste (Califórnia, Oregon e Washington) está dominada há anos. Já a costa leste é um terreno mais difícil, mas a região de Nova York, Connecticut, Massachusetts, Nova Jersey e imediações é favorável ao partido. O perfil cosmopolita dessas regiões encaixa-se perfeitamente com a tendência liberal dos democratas. Os republicanos ganham de goleada no sul, com os chamados "estados vermelhos" (Texas, Arkansas, Geórgia, Mississipi, Louisiana,

Alabama, Oklahoma) onde ainda há um bom número de oligarquias cujo perfil conservador encontra entrosamento no partido. Uma quantidade maior de estados apoia os republicanos, mas muitos dos estados mais populosos estão do lado democrata. Para você ter uma ideia, a população da Califórnia equivale à dos 21 estados menos populosos do país. Essas diferenças regionais podem ser decisivas porque, no complexo sistema eleitoral americano, um cidadão não equivale exatamente a um voto, como você poderá saber algumas páginas adiante. O resultado de toda essa combinação é um equilíbrio que faz das eleições presidenciais um teste de nervos sem igual.

A batalha costuma ser mais sangrenta nos chamados *Swing States* (estados oscilantes). Trata-se dos estados onde a tendência política não é tão clara, deixando em aberto a possibilidade de vitória para ambos os partidos. Os integrantes desse grupo mudam com o passar dos anos, e atualmente essa categoria permeia os estados de Iowa, Colorado, Michigan, Nevada, New Hampshire, Carolina do Norte, Pensilvânia, Virgínia e Wisconsin. Ohio e Flórida são a joia da coroa, dificilmente o resultado nesses estados diferem dos números finais. Os candidatos presidenciais costumam concentrar seus esforços nos *Swing States* porque tradicionalmente são eles que decidem as eleições. Cerca de dois terços dos estados norte-americanos já estão dominados politicamente por um partido ou outro, por isso não há motivos para desperdiçar tempo e energia neles. Os *Swing States* são o fiel da balança.

A mídia não fica de fora da disputa, e mesmo os gigantes do setor podem se posicionar a favor de um ou outro candidato. Um veículo de comunicação politicamente inclinado não é considerado uma aberração como no Brasil e dele não se espera imparcialidade. O respeitado jornal *The New York Times*, por exemplo, não tem escondido sua tendência democrata desde que o milionário mexicano Carlos Slim se tornou o maior acionista do grupo em 2015. Já a Fox, maior emissora de TV a cabo dos EUA, é conhecida pelo perfil republicano. Vários jornalistas da emissora já trabalharam em campanhas do partido, e, em novembro de 2018, o apresentador Sean Hannity chegou a participar de um comício de Donald Trump dias antes das eleições intercalares (aquelas que elegem congressistas).

É fácil encontrar um brasileiro que elogie o sistema americano com o voto não obrigatório. Também muita gente desconfia da urna eletrônica brasileira como um convite à fraude. Pois aqui muita gente defende o voto obrigatório e a urna eletrônica. Em primeiro lugar, as longas e inevitáveis filas evidenciam um sistema anacrônico. Além disso, em praticamente toda eleição há suspeita de fraude. Muita gente não engole o resultado final e pede recontagem quando a diferença é pequena. O argumento da fraude vem muito a calhar como justificativa de leis estaduais rigorosas que fazem uma série de exigências para que o cidadão tenha direito de votar, mas há uma enorme desconfiança de que o verdadeiro objetivo é dificultar o voto. O baixo comparecimento de eleitores em regiões inclinadas para determinado partido favorece o adversário. Muitos artifícios de ética duvidosa já foram usados: urnas e equipes de trabalho insuficientes, pontos de votação inadequados e até barreiras policiais nas ruas para criar caos no trânsito. São dezenas de milhares de votos capazes de decidir eleições que não se concretizam. A obrigatoriedade do voto, segundo alguns, contribuiria para eliminar tais estratégias de dificultar a vida do eleitor. O problema é que obrigar alguém a votar esbarra nas liberdades individuais, e você já leu aqui que poucas coisas são mais sagradas para os americanos que as liberdades individuais.

## O ENTROSAMENTO QUE NÃO EXISTE MAIS

Ser democrata ou ser republicano significa ter enorme antipatia pelo outro lado. A radicalização que tomou conta do Brasil nos últimos anos é uma velha conhecida dos americanos, mas nem sempre foi assim.

Apesar da intensa troca dos dois partidos no poder, entre o início do governo de Franklin Roosevelt, em 1933, e o final do governo de Jimmy Carter, em 1981, democratas e republicanos demonstraram uma razoável harmonia que muitos acreditam ser a base do colossal crescimento econômico dos Estados Unidos no século XX. Obviamente, a rivalidade e os ataques nunca morreram, mas a quebra da Bolsa de Valores de Nova York, em 1929, deu início a um período de colapso econômico conhecido como "A Grande Depressão", e ambos os partidos perceberam naquele momento a necessidade de um governo mais participativo – prerrogativa democrata –, mas com uma boa dose de liberdade para atuação dos mercados – prerrogativa republicana. Assim, o *New Deal* (Novo Acordo), o plano de recuperação econômica criado pelo governo Roosevelt, não só recuperou o país como também permitiu um crescimento sustentável por meio do trabalho conjunto de todos os setores nas esferas pública e privada. A Segunda Guerra Mundial deu sua contribuição ao abater o poder de concorrência das potências europeias, e assim nasceu o "Século Americano", termo cunhado pelo barão da mídia Henry Luce que resume o progresso que alimentou a grande potência que todos nós conhecemos hoje. A partir do final do governo Carter, o caldo começou a entornar.

O tom de discórdia cresceu por conta da chamada "*stagflation*", combinação de "*stagnation*" (estagnação) e "*inflation*" (inflação) que assolou o país, e a década de 1980 testemunhou

*Política • A arte da surpresa*

o aparecimento de uma nítida divisão que molda a inimizade e vários ímpetos extremistas de hoje. Os republicanos rumaram com ímpeto para a direita porque sabiam que a moral do poder público estava em baixa. O problema é que a política de corte de gastos é acusada de aumentar ainda mais a desigualdade pela falta de suporte público na divisão da riqueza. O entrosamento com o mundo corporativo também é difícil de explicar, assim como uma política de impostos que beneficia os mais abastados. Os democratas rumaram para a esquerda, apostando na ideia de um partido que trabalha pela pluralidade, mas, em um mundo onde o ativismo está incrustado na alma de cada um, é impossível agradar todos. O subsídio para a pecuária causa ira dos defensores dos animais, um programa de fomento à indústria gera protesto dos ecologistas e se a Miss América for loira de olhos azuis pode esperar um ataque dos defensores da diversidade.

A maior distância entre os partidos provoca uma falta de continuidade dos programas assim que o poder muda de mãos. Os bons tempos do *New Deal* atravessando décadas na mão de democratas e republicanos ficaram para trás. Hoje, a passagem do poder entre partidos significa acabar com o que foi feito e recomeçar tudo de novo. Você sabe o que isso significa, é comum um gestor público brasileiro derrubar conquistas do antecessor do partido rival. Parece que os americanos estão aprendendo conosco, e o resultado você conhece: muda-se tudo e não se resolve nada. Também como no Brasil, o desânimo tem imperado por aqui.

Tanto eleitores democratas como republicanos concordam que está difícil acordar em uma manhã de eleição sem a sensação de que nada vai realmente mudar. Consequentemente, por mais que Gilberto Gil cante que a fé não costuma falhar, a desesperança tomou conta dos eleitores e apenas 55,5% deles

45

se deram ao trabalho de votar em 2016, o menor comparecimento proporcional em 20 anos. Pudera, uma pesquisa às vésperas da eleição indicava que apenas 39% dos eleitores votariam em seu candidato com convicção. Nada menos que 58% votaria em um candidato com a única intenção de derrotar o oponente. Nós, brasileiros, sabemos bem o que é isso, estamos acostumados com o chamado "voto útil" porque há muitos anos as opções são cada vez mais desanimadoras, mas esse fenômeno não era tão familiar entre os americanos.

## AS ELEIÇÕES PRIMÁRIAS

Você já ouviu falar muito das primárias porque em ano de eleições presidenciais elas frequentam as manchetes por meses. Mas o que exatamente elas significam?

As primárias são eleições internas de um partido para decidir seu candidato para as eleições gerais. Em alguns estados, essas eleições são exclusivas para afiliados do partido, em outros as primárias podem ser abertas desde que o eleitor não seja membro do partido rival. Há ainda os estados que não fazem qualquer restrição e todos podem votar. Algumas regiões não adotam as primárias, mas um método mais antigo chamado *caucus*. A diferença é que o *caucus* é um evento de maiores proporções, no qual não há somente a eleição em si, mas também debates e tomadas de decisão para definir o rumo que o partido deve adotar durante a eleição geral. O *caucus* é privado, organizado pelo partido e permite uma interação maior entre seus participantes. As primárias propriamente ditas são organizadas pelos estados e ocorrem no sistema tradicional das urnas. É um sistema mais direto, rápido e semelhante a qualquer outra eleição. A maioria dos estados utiliza esse método e por isso fala-se em primárias de maneira generalista. É bom lembrar que nesses eventos não se vota exatamente nos pré-candidatos do partido, mas nos delegados que, por sua vez, escolherão o candidato nas Convenções Nacionais. Mais um detalhe: esse processo não é restrito aos candidatos à presidência, congressistas também precisam passar pela maratona.

As primárias acontecem em todos os estados. A longa caminhada começa com um grande número de pré-candidatos. Essa é outra diferença do processo brasileiro. Uma escolha mais democrática como a americana permite a tentativa de mais gente para concorrer pelo partido, afinal os caciques têm menos poder e o tráfico de influência não é tão aparente.

O estado de Iowa é tradicionalmente o primeiro a realizar primárias (nesse caso, *caucus*), por isso os afiliados da região são muito cortejados pelos candidatos. Começar forte é fundamental, quem fica para trás dificilmente consegue recuperar terreno durante o afunilamento dos meses seguintes. New Hampshire vem logo depois e também possui grande prestígio. Muitos estados tentam antecipar a data de suas primárias para ganhar importância no processo. Algumas primárias acontecem concomitantemente em vários estados. Esse dia é conhecido como "*Super Tuesday*" (Super Terça-feira) e recebe atenção redobrada.

A hora da verdade acontece no verão, durante as Convenções Nacionais. Até alguns anos atrás, era comum haver um suspense sobre quem seriam os escolhidos, mas hoje a decisão final corre boca a boca com mais facilidade e ninguém mais se surpreende com o anúncio oficial.

As primárias requerem muita diplomacia porque todos os envolvidos sabem que o adversário de hoje pode ser o aliado de amanhã. O fogo amigo vem de todos os lados e cria a delicada situação de expor as falhas da candidatura adversária encabeçada por um integrante do próprio partido. O republicano Mitt Romney tem uma má experiência a esse respeito. Durante as primárias de 2016, embora não tenha concorrido pela vaga, ele foi um dos grandes críticos de Donald Trump ao dizer que sua candidatura era uma fraude. Após a vitória de Trump, Romney foi um dos nomes cotados para Secretário de Estado, cargo de alto prestígio na Casa Branca, mas os republicanos não tinham esquecido seus ataques antes da improvável vitória de Trump. Romney viu o cargo escorregar por entre seus dedos.

Muita gente entende que as primárias são mais importantes que a própria eleição geral. Considerando que democratas sempre votarão em democratas e republicanos sempre votarão em republicanos, a eleição geral é uma corrida para buscar os votos dos indecisos. Nas primárias, a eleição não é uma guerra de ideologias entre partidos, mas uma disputa entre integrantes do mesmo partido, por isso ela passa por terrenos mais acidentados em que o poder de argumentação deve ser maior.

## AS CAMPANHAS

Os ingleses costumam dizer que as eleições nos EUA, muitas vezes, são uma grande piada. Bem, vamos combinar que a realidade deles é outra. Comparadas ao histórico brasileiro das últimas décadas, as eleições americanas possuem um ar bem sério. É bem verdade que Trump causou um rebuliço, mas é difícil para os EUA (e qualquer outro país) chegar perto do circo político que domina o Brasil.

Os comícios não são tão gigantescos quanto os nossos e dificilmente alteram a rotina das cidades. Os dias anteriores às eleições não dão qualquer sinal de que um grande acontecimento está próximo. A eleição presidencial acontece em uma terça-feira, mais precisamente na primeira terça-feira após a primeira segunda-feira de novembro. A terça-feira era o dia que trazia menos impacto entre os trabalhadores rurais do século XIX que viajavam um dia inteiro para votar, por isso a regra atípica. No dia das eleições presidenciais de 2016, andei por horas em Manhattan e não encontrei qualquer sinal de que o presidente da República dos EUA, pessoa mais poderosa do mundo, estava sendo escolhido pela população. Ninguém grita, apita, buzina ou canta nas ruas. O máximo de engajamento que percebi foram pessoas com o adesivo "*I Voted*" (Eu Votei) colado à roupa. Para quem tem apenas TV aberta, é difícil se informar. Zapeando pelas emissoras, encontrei os programas de auditório e séries de sempre. A informação só chega mesmo nos telejornais da noite, assim mesmo sem o grande destaque com que estamos acostumados no Brasil.

Os cabos eleitorais não são tão visíveis quanto os brasileiros, mas são eficientes. Há uma enorme rede de voluntários que buscam convencer o eleitor através de todo tipo de mídia disponível. É muito comum, por exemplo, alguém lançar um livro com um título como "Por que votar no candidato XYZ". Obviamente, poucos dias depois há o lançamento de outro livro intitulado "Por que não votar no candidato XYZ". O mercado editorial fica extremamente aquecido em época de eleição, e todos os gêneros literários são utilizados na guerra política. É fácil encontrar livros infantis, de humor, para colorir, biográficos e tudo mais que o setor permite com tema eleitoral. Isso tudo sem considerar o livro escrito pelo próprio candidato, algo muito comum e de extrema importância para o político divulgar suas ideias e projetar credibilidade. Mais fácil ainda é encontrar novos lançamentos após as elei-

49

ções, com teorias a respeito do resultado. "Como XYZ perdeu as eleições" ou "A estratégia vitoriosa de XYZ nas últimas eleições"têm lugar garantido nas livrarias. Em 2016, a zebra Donald Trump inspirou centenas de lançamentos e nem a adversária Hillary Clinton perdeu a chance. Em *What Happened* (O que aconteceu), Clinton relata sua experiência na derrota mais impressionante das últimas décadas. Se Hillary não ganhou as eleições, pelo menos ganhou um bom dinheiro com o livro, que frequentou a lista dos mais vendidos por meses.

Sendo o voto não obrigatório, os mais politizados precisam de muita lábia para convencer o cidadão comum a votar. Nos últimos 20 anos, a média de presença nas urnas em eleições presidenciais foi pouco acima de 58% dos eleitores potenciais. Há um bom número de pessoas que não votam simplesmente porque precisam trabalhar. Nada de feriado, licença ou qualquer tipo de concessão, é preciso muita ginástica para votar sem alterar a rotina. Em eleições de Representantes (os correspondentes aos nossos Deputados) e Senadores, apenas 37,5% dos eleitores, em média, se dão o trabalho de votar. As eleições de 2018 foram uma agradável surpresa, e 49% dos eleitores resolveram exercer o direito. Muitos concordam que certas candidaturas favoritas não se confirmam na apuração simplesmente porque milhares de pessoas que renderiam votos preciosos não votam.

## A ARTE DE CAPTAR DINHEIRO

O financiamento de uma campanha política brasileira adquiriu importância quando escândalos pipocaram nos últimos anos, mas ainda estamos longe do que acontece aqui, onde o chamado *Fundraising* (Levantamento de fundos) é assunto público e notório. Existe uma vigilância formal por parte das autoridades e informal por parte da sociedade.

Um candidato pode usar financiamento público para sua campanha. Para tanto, ele deve respeitar limites determinados pela legislação. Há duas vantagens aqui: a campanha passa pelo crivo ético por não conter negociatas suspeitas, e os candidatos se livram da cansativa tarefa de participar de encontros em busca de fundos. A proposta apareceu nos anos 1970 para combater a enorme influência de contribuições privadas que colocavam em risco a credibilidade das eleições e a independência que deve guiar as ações de uma autoridade política. Muita gente garante que esse detalhe foi decisivo para os azarões Jimmy Carter e Ronald Reagan vencerem suas eleições, pois não havia grande diferença de caixa entre suas campanhas e a de seus oponentes que já ocupavam o cargo de presidente e concorriam à reeleição. George W. Bush foi o primeiro candidato de um grande partido a recusar financiamento público em troca do privado durante as primárias de 2000. Mas nas eleições gerais, Bush preferiu aceitar dinheiro público, assim como seu adversário Al Gore. Em 2004, Bush optou pela mesma estratégia, que foi seguida pelo adversário John Kerry. Em 2008 acontece a virada, quando Barack Obama optou pelo financiamento privado de sua campanha, tanto nas primárias quanto nas eleições gerais. O adversário John McCain, seguiu a estratégia de Bush com financiamento privado somente durante as primárias, mas dessa vez não deu certo. A campanha de Obama arrecadou o triplo da campanha de McCain, e, desde então, nenhum grande candidato abre mão das enormes contribuições do setor privado em ambos os estágios, ou seja, voltamos à época da enorme influência das contribuições privadas.

O canal de doações polpudas mais efetivo nos últimos anos chama-se *Super PAC*, comitês extrapartidários formados em ambientes proibidos de contribuir no sistema tradicional, como sindicatos e associações. Ao contrário das doações feitas diretamente aos partidos, os *Super PACs* não possuem limites de arrecadação e também não precisam divulgar a origem do dinheiro, o qual é comumente chamado de *"dark money"* (dinheiro sujo, na minha livre tradução). Essa tem sido também a melhor opção para milionários doarem muito dinheiro sem a indesejada divulgação. O advogado Larry Lessig alerta que apenas 158 famílias americanas são responsáveis por 50% das contribuições via *Super PAC*. Lessig tentou concorrer à presidência em 2016 pelo Partido Democrata batendo insistentemente na tecla da necessidade de campanhas sem a influência do dinheiro, mas suas ideias evaporaram não só com os valores impressionantes que foram movimentados naquela eleição, como também com o fracasso de sua candidatura que sequer chegou a ser considerada nas primárias.

Durante uma campanha eleitoral, estima-se que o candidato gaste oito horas por dia em contato com doadores para angariar fundos de campanha. Esses encontros costumam ser privados, mas, como hoje em dia nada escapa das câmeras dos celulares, não é difícil ter acesso a trechos desses eventos que podem comprometer uma candidatura. Mitt Romney novamente é o exemplo. Em 2012, durante um evento para arrecadação de fundos para sua campanha à presidência, em Boca Raton (Flórida), Romney discursou de maneira considerada pejorativa sobre o eleitorado do adversário Barack Obama: "47% dos eleitores votarão em Obama de qualquer maneira. Muito bem, há 47% que estão com ele, que são dependentes do governo, que acreditam que são vítimas, que acreditam que o governo tem responsabilidade de cuidar deles, que acreditam que têm direito a plano de saúde, comida, habitação, o que quer que seja. Isso é um direito e o governo deve providenciar tudo isso [...] essas pessoas não pagam impostos [...] minha função é não me preocupar com elas. Eu nunca vou convencê-las de que elas devem ter responsabilidade por suas vidas".

Essas palavras, além de evidenciarem claramente as diferenças ideológicas entre democratas e republicanos, colocaram o candidato em uma situação delicada. Para quem já estava atrás nas pesquisas de intenção de voto, isso não ajudou em nada.

Enquanto no Brasil a contribuição de pessoas físicas não é um hábito tão difundido, nos EUA ela é uma prática usual e de extrema importância para os candidatos, por providenciar valores respeitáveis. As eleições de 2016 deixaram sua marca com um interessante fato na campanha de Donald Trump. Era sabido que a oponente Hillary Clinton contava com um fundo de campanha maior porque muitas pessoas e empresas não queriam sua imagem associada a Trump. Você lembra quando Hillary Clinton chamou os eleitores republicanos de deploráveis? Muito bem, o Partido Republicano reagiu pedindo que os deploráveis respondessem com doações para a campanha de Trump. Os eleitores republicanos, cientes do papel do dinheiro em uma eleição, responderam. Essa atitude não surpreendeu pelo fato em si, mas porque os colaboradores não faziam parte da elite, criando a interessante ironia de pessoas simples doando para um milionário. Assim, 26% dos fundos arrecadados por Trump vieram de pequenas doações, contra apenas 16% de Clinton. A réplica dos democratas veio em 2018 durante as eleições intercalares. Enquanto eles arrecadaram 46 milhões de dólares de pequenos doadores apostando nas contribuições pela internet, os republicanos receberam

15 milhões. A Câmara dos Representantes, até então controlada pelos republicanos, voltou para as mãos dos democratas.

Em uma articulação de incrível celeridade, o Partido Republicano fez a tréplica, coletando doações para a campanha presidencial de 2020 quando Trump ainda esquentava a cadeira do Salão Oval. Em julho de 2018, com apenas um ano e meio de mandato Trump, o total arrecadado já atingia a marca de 88 milhões de dólares.

Ninguém brinca com dinheiro em eleições.

## O MAIS VOTADO NEM SEMPRE GANHA

O título desta seção já é suficiente para impressionar você, mas tenho outra informação que vai surpreender ainda mais: o presidente americano não é eleito diretamente pelo povo. Pode parecer inacreditável, mas a eleição presidencial americana não é uma eleição direta. Difícil pensar em uma informação mais espantosa, mas, para seu consolo, milhares de americanos também não sabem disso.

A cédula eleitoral de uma eleição presidencial americana contém os nomes dos candidatos a presidente e vice-presidente de cada partido como qualquer outra, mas acima dessa lista está escrito *"the electors for"*, ou seja, "os eleitores de". Isso quer dizer que o cidadão comum vota em pessoas que posteriormente votarão nos candidatos em uma segunda eleição. Mas quem são essas pessoas? Que segunda eleição é essa? Aqui entra em cena um dos sistemas mais intrigantes e menos compreendidos dos EUA, o Colégio Eleitoral.

O Colégio Eleitoral é composto por 538 eleitores que representam os 50 estados americanos. O número de eleitores de cada estado é determinado de acordo com sua população.

A Califórnia, por exemplo, conta com 55 eleitores, ao passo que o pouco povoado estado de Wyoming possui 3. Os eleitores do Colégio Eleitoral cumprem seu dever cerca de 41 dias após a eleição geral e, com pouquíssimas exceções, votam no candidato que recebeu a maior votação em seus respectivos estados. Esse sistema é conhecido como *"winner takes all"* (o vencedor leva tudo). Assim, a proporção de votos no Colégio Eleitoral não é a mesma do voto popular. Não faz diferença se o candidato vencedor em determinado estado recebeu 50,4% ou 89% dos votos; no Colégio Eleitoral, 100% dos eleitores desse estado votarão no tal candidato (novamente, com algumas poucas exceções). É normal que uma eleição apertada no voto popular de um estado muito povoado se transforme em uma "goleada" no Colégio Eleitoral; por outro lado, a "goleada" em um estado pouco povoado não tem o mesmo impacto no Colégio Eleitoral. O candidato vencedor deve receber, no mínimo, 270 votos no Colégio Eleitoral, metade mais um. Quando o vencedor das eleições presidenciais é divulgado após a eleição aberta, a notícia não leva em conta o resultado do voto popular, mas o provável número de votos que os candidatos receberão no Colégio Eleitoral. Oficialmente, o presidente eleito só é confirmado vencedor após a contagem do Colégio Eleitoral.

O sistema foi concebido pelos *Founding Fathers* (Pais Fundadores), figuras históricas que lideraram a independência do país e a criação da Constituição americana. Havia naquele momento um temor de que um candidato despreparado acabasse sendo eleito por uma população desinformada. Milhares de americanos moravam em comunidades isoladas e não se esperava deles o conhecimento necessário para votar. Assim, seria necessário que pessoas mais bem preparadas, menos suscetíveis a enganos e cientes da necessidade de um nome conciliador tivessem a palavra final. Além disso, os estados pequenos, rurais, menos populosos ou escravocratas estariam mal representados porque renderiam poucos votos nas eleições abertas. Obviamente, escravizados não podiam votar e quem morava longe não tinha muitos incentivos para viajar até os locais de votação. Porém, havia uma ala que defendia eleições diretas, por acreditar que a vontade popular deve sempre prevalecer. A solução para agradar a todos foi criar uma eleição aberta e outra restrita para confirmar (ou não) o resultado. Isso garantiria um vencedor com a aprovação do povo e ratificação dos membros do Colégio Eleitoral.

Mas os *Founding Fathers* não poderiam prever que as 13 colônias originais se transformariam em 50 estados com diferenças abissais, e muito menos que a informação estaria ao alcance da grande maioria no Google. O problema agora é que os eleitores dos estados menores e menos populosos possuem um poder de voto maior do que o dos grandes e populosos estados. O estado de Wyoming, por exemplo, conta com 210 mil eleitores populares e 3 eleitores no Colégio Eleitoral, ou seja, cada eleitor do Colégio Eleitoral representa cerca de 70 mil eleitores do estado. Já na Califórnia, com seus 9,7 milhões de eleitores populares e 55 eleitores no Colégio Eleitoral, cada um do Colégio Eleitoral representa 176 mil eleitores. Embora o número de eleitores da Califórnia seja 46 vezes maior que o de Wyoming, o número de eleitores da Califórnia no Colégio Eleitoral é apenas 18 vezes maior que o número de eleitores de Wyoming. No Colégio Eleitoral, a vitória em estados mais populosos significa maior quantidade absoluta de votos, ao passo que a vitória em estados menos populosos significa maior quantidade proporcional de votos. Vale fazer uma observação: o Colégio Eleitoral é um sistema, não possui sede nem membros fixos. Não há um encontro entre os eleitores em dia de votação, cada um vota em seu respectivo estado. Não pense em visitar o Colégio Eleitoral em uma viagem para a capital Washington, ele não existe fisicamente.

Diante de tanta complicação, você deve imaginar que muita gente gostaria de ver o Colégio Eleitoral extinto. Nunca foi e nunca será fácil levar essa ideia adiante; a bancada dos estados menos populosos dificilmente vai aceitar essa alteração da Constituição. Houve mais de 700 propostas com esse intuito – nenhuma outra questão foi objeto de tantas tentativas de mudanças no Congresso quanto essa –, mas nenhuma vingou. Há milhares de teorias contra e a favor do Colégio Eleitoral, e o cientista político James MacGregor já deu sua opinião: "O sistema é uma roleta-russa, e qualquer dia vamos estourar os nossos miolos".

Não é muito comum acontecer disparidades entre o candidato eleito pela população e aquele eleito pelo Colégio Eleitoral. Não é muito comum, mas acontece. Hillary Clinton recebeu cerca de 3 milhões de votos a mais que Donald Trump nas eleições abertas de 2016, mas perdeu no Colégio Eleitoral por uma diferença de 74 votos. Porém, o caso mais emblemático dos últimos anos foi a disputa entre o republicano George W. Bush e o democrata Al Gore nas eleições de 2000, a mais apertada da história americana. O vice-presidente Al Gore venceu o governador do Texas George W. Bush por cerca de 500 mil votos na eleição popular, mas Al Gore perdeu na Flórida por uma diferença de apenas 537 votos e, por consequência, também perdeu os 25 votos dos eleitores do estado no Colégio Eleitoral. Esses votos foram o tiro de misericórdia para o democrata, uma vez que, no Colégio Eleitoral, ele perdeu a disputa por 271 x 266. Você provavelmente acabou de chegar a uma conclusão chocante: nas eleições presidenciais americanas de 2000, o candidato que venceu no voto popular perdeu o cargo mais poderoso do mundo por 5 votos. Os democratas exigiram uma recontagem do voto popular na Flórida porque havia fortes suspeitas de fraude, mas os republicanos resistiram, e a Suprema Corte decidiu pelo apertado placar de 5 X 4 que a recontagem já em vigor deveria ser interrompida e que a vitória de George W. Bush era legítima.

Al Gore resumiu a situação com esta frase: "Você vence algumas e você perde algumas. E há aquela pouco conhecida terceira categoria".

Essa terceira categoria é pouco conhecida, mas não é novidade. A eleição de 1800 terminou empatada no Colégio Eleitoral e na Câmara dos Representantes. Houve o mesmo problema em 1824. Em 1876, o democrata Samuel Tilden perdeu a disputa no Colégio Eleitoral para o republicano Rutheford Hayes por um voto após vitória no voto popular. Em 1888, Grover Cleveland foi outro caso de quem ganhou, mas não levou. O então presidente venceu as eleições gerais por uma diferença de 90 mil votos, mas perdeu no Colégio Eleitoral por 65 votos – 36 deles pertenciam a Nova York, seu próprio reduto eleitoral.

Agora parece claro que o Tio Sam também sabe o que é uma eleição cercada de suspeitas e intrigas. Definitivamente, eleições americanas – assim como as brasileiras – não são para qualquer um.

## O PODER DAS EMPRESAS E O TEMIDO LOBISTA

Uma democracia extremamente avançada, como a americana tem seus problemas. Se todos são livres, é natural que cada um lute com suas armas, e os mais bem armados já começam o jogo em vantagem. Empresas gigantescas e milionárias não economizam para que tudo seja feito conforme seus interesses, mas, assim como um bom time precisa de um artilheiro para fazer gols, uma empresa precisa de um lobista para colocar o plano em prática.

Poucas profissões no mundo possuem uma reputação tão demoníaca como a do lobista, mas todos nós somos lobistas em algum momento da vida. Aposto minha coleção de canetas que você já levou o currículo de um amigo para o seu chefe porque ele é um ótimo profissional. Pois o nome disso é *lobby*. A função de um lobista é reunir argumentos e recursos para que pessoas influentes tomem decisões a favor da causa de seu cliente. Os corredores do poder estão lotados de lobistas, uma vez que políticos possuem o grande poder de criar, aprovar ou vetar leis cujas implicações beneficiam e prejudicam interesses privados. O *lobby* não é nada novo nos EUA, mas foi a partir dos anos 1970 que o setor privado americano entendeu que não havia mais como fazer negócios sem fazer política, e a atividade do *lobby* cresceu mais de 1000% em uma década. Com o tempo, associações civis e grupos de interesses específicos também lançaram mão desse serviço. Hoje, há mais de 20 lobistas registrados para cada congressista e outros milhares atuando nos bastidores. Você não os vê, mas eles estão em qualquer esquina da capital americana.

O lobista precisa ser muito bom na arte da argumentação, mas sua arma mais convincente é o dinheiro, e aí mora o perigo. Muito dinheiro convence muita gente a fazer o que quer e o que não quer. Como dizem por aí, *money talks* (o dinheiro fala), mas, para usar uma expressão mais familiar aos brasileiros, a ocasião faz o ladrão. É por isso que o imaginário popular alimenta a ideia de que tudo que o lobista propõe é imoral ou ilegal, mas não é bem assim. Lobistas podem representar famílias que lutam por um ensino de qualidade ou entidades de proteção a vítimas de abuso sexual. Existe até lobista trabalhando para restringir o próprio *lobby*, mas eu sei muito bem que você sempre vai se lembrar do lobista ao estilo Remy Danton, personagem da série *House of Cards*, um profissional que muitas vezes passa longe de princípios morais básicos ao prestar serviços para empresas de pouco caráter e muito poder. Os próprios lobistas podem ser muito poderosos porque possuem informações privilegiadas, por isso é muito comum que eles, assim como Danton, façam parte da equipe do governo em algum momento. O caminho inverso também acontece. Muitos ex-funcionários do Congresso se convertem em lobistas porque sabem bem como as coisas funcionam por lá. Políticos aposentados também gostam de se aventurar na arte do *lobby*, uma situação conhecida como "porta giratória". Assim como as portas giratórias dos hotéis, você deixa o recinto e volta em poucos segundos se não sair da porta. Pois o *lobby* é a porta giratória que permite antigos congressistas frequentarem novamente o círculo do poder. Dados atuais indicam que metade dos políticos inativos migraram para o mundo do *lobby*.

Não deveria fazer parte do trabalho do lobista agir fora da lei. Suborno, negociata, chantagem e propina são um farto material de trabalho para roteiristas de Hollywood, mas algum esforço tem sido feito para "humanizar" esse profissional. O *lobby* aqui é regulamentado há muito tempo e, embora as regras não sejam ideais, há um código de ética razoavelmente rigoroso. Obviamente, esse sistema não previne situações suspeitas, mas é importante salientar que a guerra de forças não está apenas a serviço de empresas que você considera diabólicas.

Dentre as associações que se utilizam do *lobby* e que provavelmente contam com a sua simpatia estão Peta, CAS e AARP, que lutam respectivamente pelo tratamento ético aos animais, segurança dos veículos e direitos dos aposentados. O setor privado também conta com forte artilharia, mas não representa causas tão populares. Nenhuma grande empresa opera por aqui sem contar com um serviço de *lobby*, por isso não surpreende a presença de gigantes na lista daquelas que mais investem na atividade como General Electric, Exxon Mobil, AT&T, Boeing e Verizon. A Amazon começou com um modelo disruptivo sem *lobby*, mas logo cedeu à regra. A gigante do comércio eletrônico tinha orgulho de dizer que não se movimentava na esfera política, mas hoje está no time das empresas mais bem representadas em Washington. Em 2017, foram 12,5 milhões de dólares investidos em *lobby*, um aumento de 400% em comparação ao valor gasto em 2012.

Uma das exigências da regulamentação sobre o *lobby* é que o lobista divulgue a relação de pessoas e empresas que requisitam seus serviços. Bem, é fácil imaginar que muitos clientes não gostam disso e, mais fácil ainda, intuir que já encontraram uma saída para driblar esse inconveniente.

A solução mais comum ultimamente atende pelo curioso nome de "*think tank*". Originalmente, a ideia de uma *think tank* é reunir especialistas de um determinado setor e promover debates e pesquisas para propor ideias e soluções. A atividade é antiga e está presente em qualquer país minimamente desenvolvido. A Fundação Getulio Vargas, por exemplo, é uma tradicional *think tank* brasileira e foi considerada uma das cinco maiores do mundo na categoria diretrizes políticas.

Algumas *think tanks* são extremamente respeitadas e contam com uma estrutura invejável pela enorme capacidade de atrair patrocinadores. Acontece que alguns deles fazem *lobby* disfarçado de patrocínio porque sabem do grande prestígio que as *think tanks* possuem entre governantes. A diferença é que, ao contrário de um serviço de *lobby* tradicional, o patrocinador da causa não precisa ser divulgado, situação perfeita para a prática do *lobby* paralelo. Para completar, é possível até obter abatimentos no imposto de renda através das doações, uma vez que as *think tanks* podem ser registradas como entidades sem fins lucrativos. O dinheiro movimentado na brincadeira ainda não se compara aos valores inacreditáveis do *lobby* oficial, mas é capaz de fazer muita gente trabalhar duro.

Uma coisa é certa, seja no *lobby* tradicional ou no paralelo, a prática assusta pela enorme influência no mundo político americano. Um executivo resumiu muito bem a função e o poder de um lobista: "Se você não tem intimidade suficiente para chamar um senador pelo primeiro nome, você não está fazendo bem o seu trabalho".

## UM CASO DE SUCESSO

Há uma infinidade de situações em que a legislação é consequência de um *lobby* bem-sucedido, mas elas nem sempre são percebidas com facilidade. Para saciar sua curiosidade, vale a pena mencionar um caso com resultados impressionantes.

Todos sabem da histórica fascinação dos americanos por armas. Há mais lojas de armas nos EUA que supermercados, McDonald's ou Starbucks. Na prática, é mais difícil tirar a habilitação para dirigir um carro do que para comprar uma arma. O comediante Michael Ian Black coloca de outra maneira: "Os americanos são mais seletivos para aceitar contatos no LinkedIn do que para vender uma pistola semiautomática".

O controle de venda de armas é um assunto na agenda de muitos presidentes, representantes e senadores, mas eternamente adiado. Pois isso é resultado de um *lobby* poderosíssimo da *National Riffle Association* (NRA – Associação Nacional do Rifle), fundada em 1871, que conta com mais de 5 milhões de membros. Desde 2013, a NRA gasta mais de 3 milhões de dólares anuais em *lobby*, segundo o Centro de Política Responsável. Ao longo dos anos, a NRA, que já contou com o ator Charlton Heston como presidente, tem trabalhado fortemente para destruir qualquer intenção de controle de venda e rastreamento de armas.

Se você acha que após um crime o investigador de polícia dos EUA manda a arma para a perícia, e, em minutos, os pesquisadores encontram o proprietário dessa arma em um enorme banco de dados informatizado, me desculpe, mas você está assistindo muito filme. O uso de computador para encontrar o registro de uma arma nesses casos é proibido, e o único recurso da polícia é uma agência em uma pequena cidade do estado de West Virginia. Cerca de 50 funcionários tentam relacionar armas com seus proprietários por meio de arquivos em papel e microfilme, um processo incrivelmente antiquado. A própria polícia desconhece a situação. Não é difícil um policial enviar por e-mail o número de registro de uma arma e cobrar o nome do proprietário em cinco minutos, mas a dura realidade mostra funcionários abrindo caixas empoeiradas de papelão e checando manualmente os registros. Detalhe: os arquivos mencionados se referem a armas vendidas por lojas que não estão mais na ativa. Os comerciantes de armas só são obrigados a mandar seus arquivos para a polícia quando a loja fecha as portas. Se você comprou sua pistola no Walmart (sim, eles vendem armas), a polícia não tem o acesso informatizado ao registro do seu brinquedo porque o Walmart ainda está em atividade.

*Estados Unidos na prática*

A NRA possui um banco de dados que rastreia cada decisão de políticos e juristas quando o assunto é armamento. Notas são dadas de acordo com a atuação de cada um deles. A escala vai de A+ a F, sendo A+ aqueles que defendem impecavelmente os interesses da associação e F os inimigos mortais. Obviamente, quanto mais alta a nota, maior a contribuição da NRA em épocas de campanha. E funciona.

Após a tragédia de Newtown, em que o jovem Alan Lanza matou 20 crianças e 6 adultos dentro de uma escola de Connecticut em 2012, o democrata Joe Manchin e o republicano Pat Toomey elaboraram um projeto de lei exigindo checagem completa do histórico de compradores de armas. O projeto contava com o apoio de 91% da população e ainda tinha a importante participação do vice-presidente, Joe Biden, mas nada disso foi suficiente para obter sua aprovação no Senado. Sem novidades, centenas de projetos similares vêm sendo rechaçados há décadas, quase sempre após grandes tragédias. Somente entre 2007 e 2017, nada menos que 29 massacres de grande repercussão aconteceram e por volta de 340 pessoas morreram, mas a indústria armamentista não deixa ninguém esquecer que a segunda emenda da Constituição garante o direito ao porte de armas e a NRA luta incansavelmente para que esse direito centenário não seja derrubado jamais.

Isso tudo ilustra perfeitamente uma questão com a qual poucas pessoas fora do círculo político têm familiaridade. Se ser eleito para um cargo político é caro, a solução é contar com o apoio financeiro de setores fortes da economia, afinal alguém tem que pagar as contas da campanha. Quando o desafio de ser eleito é superado, vem à tona o segundo desafio, pagar a dívida para quem doou à campanha. Ainda não se sabe qual desses desafios é mais difícil. Algum palpite?

## O CARGO MAIS ARRISCADO DO MUNDO?

Ser o presidente do país mais poderoso do mundo deve ser uma experiência única, mas também é bem arriscado. Enquanto os brasileiros gostam de derrubar presidentes, os americanos são um pouco mais radicais e preferem resolver o problema na base da bala. Vamos aos fatos.

Desde a Proclamação da República, em 1889, até 2019, o Brasil elegeu 19 presidentes pelo voto direto. Destes, 4 foram impedidos de exercer integralmente o mandato: Washington Luís foi deposto pela Revolução de 1930; Júlio Prestes sequer assumiu a presidência, foi impedido pela mesma revolução que empossou Getúlio Vargas; Fernando Collor de Mello renunciou, mas o processo de impeachment já havia sido aprovado na Câmara dos Deputados e estava a caminho de ser confirmado no Senado; no caso de Dilma Rousseff, tanto a Câmara quanto o Senado aprovaram o processo de impeachment que interrompeu seu mandato em 2016. Isso tudo quer dizer que, se você for eleito presidente do Brasil pelo voto direto, terá 21% de chances de não terminar o mandato se a média atual persistir.

Nos EUA, a cultura do armamento traz o problema da banalização do tiro contra qualquer pessoa. O mandatário do país não está fora da mira, muito pelo contrário, está sempre nela. Aliás, ser candidato a presidente ou espalhar sua intenção de ser presidente já é bem arriscado.

Começando pelos que foram assassinados no cargo, são quatro: Abraham Lincoln, James Garfield, William McKinley e John F. Kennedy. Os casos de Lincoln e Kennedy sempre causaram maior comoção. Lincoln foi o presidente mais carismático dos EUA, aboliu a escravidão e uniu o país após a Guerra Civil. Faleceu em 15 de abril de 1865, pouco depois de ser reeleito, um dia após levar um tiro na cabeça enquanto assistia a uma peça teatral no Ford's Theatre, em Washington. Sobre Kennedy, acho quase impossível você não ter visto o famoso "filme de Zapruder" em que o presidente é morto a tiros enquanto acenava para o público de sua limusine, em Dallas, no dia 22 de novembro de 1963.

O fato mais impressionante é que tanto Lincoln quanto Kennedy (além de Garfield e McKinley) foram assassinados por pessoas comuns, como eu ou você. O assassino de Lincoln foi o ator John Wilkes Booth, um simpatizante das ideias escravocratas dos estados sulistas que não via com bons olhos a iminente abolição. John Kennedy morreu pelas mãos de Lee Harvey Oswald, um simpatizante do comunismo que havia morado alguns anos na antiga União Soviética antes do crime. Você pode achar que há muito mais por trás da morte de Kennedy, mas o que causa mais indignação é que o presidente da nação e homem mais poderoso do mundo foi morto por um cidadão sem grandes recursos ou aparato especial.

Outros três presidentes sofreram tentativas de assassinato: Andrew Jackson, Gerald Ford e Ronald Reagan. No caso de Roosevelt, os tiros o atingiram, mas não foram fatais. Reagan teve a costela quebrada por um tiro que também perfurou o pulmão. Foram meses de recuperação. Jackson e Ford escaparam ilesos. No caso de Ford, a sorte estava ao seu lado. Lynette Fromme, seguidora do notório psicopata Charles Manson, carregava uma pistola e chegou muito próximo do presidente durante sua visita a Sacramento (Califórnia), em 5 de setembro de 1975. A cerca de um metro de distância, Fromme puxou o gatilho, mas a arma simplesmente não disparou. Como se não bastasse, apenas 17 dias depois, Ford novamente seria alvo de uma tentativa de assassinato e novamente por uma mulher. A arma de Sara Moore disparou, mas o tiro não acertou o presidente, que, definitivamente, tinha um anjo da guarda profissional.

O caso de Theodore Roosevelt é curioso. Após dois mandatos como presidente entre 1901 e 1909, Roosevelt fazia campanha em 1912 para voltar à Casa Branca quando foi atingido por um tiro em Milwaukee. O candidato não se abateu e discursou por uma hora e meia após a frase inicial: "Amigos, sou obrigado a pedir para que não façam muito alarde. Eu não sei se vocês estão cientes de que acabei de levar um tiro, mas é preciso mais do que isso para matar um velho alce". Franklin Roosevelt – primo distante de Theodore Roosevelt – também passou pela terrível experiência em 1933, mas a tentativa ocorreu alguns dias antes de sua posse. Foram cinco tiros durante um discurso em Miami que não atingiram o futuro presidente, mas que tiraram a vida do prefeito de Chicago, Anton Cermak.

A lista de presidentes que, em algum momento, foram alvo de planos descobertos pelo Serviço Secreto e que não foram concretizados é maior: Harry Truman, Richard Nixon, Jimmy Carter, George H. W. Bush, Bill Clinton, George W. Bush e Barack Obama.

Como se tudo isso não fosse assustador, existem aqueles que foram vítimas enquanto ainda tentavam confirmar suas candidaturas: Huey Long, senador da Louisiana, em 1935, Robert F. Kennedy, senador de Nova York, em 1968, e George Wallace, governador do Alabama, em 1972. Kennedy e Long morreram, enquanto Wallace teve inúmeras complicações e foi obrigado a governar seu estado em uma cadeira de rodas nos anos 1980.

Resumindo toda a história em números: de todos os 45 presidentes do país, 6% foram assassinados, outros 8% chegaram perto de serem mortos e 15% foram alvo de algum plano de assassinato de que se tem notícia. Você pode não gostar de políticos, mas não pode negar que os candidatos à presidência dos Estados Unidos são bem corajosos.

ECONOMIA, TRABALHO
E CONSUMO
# O XADREZ
# SEM FIM

Se Getúlio Vargas tivesse nascido nos Estados Unidos, dificilmente alcançaria a envergadura política que conquistou no Brasil. Suas ideias seriam consideradas lunáticas e certamente sua carreira não iria longe.

O legado de Getúlio Vargas mais visível é a participação ativa do Estado em todos os setores estratégicos para o desenvolvimento do Brasil, e um dos campos que receberam atenção especial do presidente gaúcho foi o trabalho. A Consolidação das Leis

*Estados Unidos na prática*

do Trabalho (CLT) foi sua grande herança. Jornada de trabalho definida, férias, FGTS e 13° salário são alguns dos direitos garantidos pela CLT. Pois bem, uma rápida explicação da CLT para um americano vai deixá-lo boquiaberto e confuso. Uma lista dessas regras na mão de políticos dos EUA terminaria na lata do lixo.

A primeira lição que um brasileiro deve aprender ao morar nos Estados Unidos é não contar com o governo para (quase) nada. A tal guerra entre governo grande e governo pequeno exibe um vencedor diferente a cada ciclo, mas, para brasileiros acostumados com a CLT, os EUA sempre serão a terra do governo pequeno. O governo grande deles é café pequeno para nós, e acostumar-se com isso leva tempo.

A pergunta que nunca encontra uma resposta de comum acordo entre políticos e economistas é: qual o ponto certo da interferência do governo para garantir uma sociedade livre, desenvolvida, democrática e justa? O fato é que não há um mesmo ponto fixo entre os países. As diferenças históricas, culturais e geográficas fazem cada nação ter um nível de tolerância diferente. Os americanos carregam em seu DNA uma certa aversão ao coletivismo que vingou em boa parte da Europa. A classe média numerosa e a inexistência de sociedades feudais extremamente polarizadas na história do país explicam em parte esse fenômeno. Muito mais que no velho continente e no Brasil, a ideia de uma nação desenvolvida por meio do livre mercado vingou com força por aqui. A capacidade de empreendedores para produzir, criar empregos e gerar riqueza é admirada e vista como inspiração, mas, como nada é perfeito, cabe a pergunta: o que fazer com quem não chegou nesse patamar e se encontra em dificuldades? Aí começa o forte desacordo entre democratas adeptos do governo grande e republicanos adeptos do governo pequeno.

Os democratas entendem que as pessoas são pobres por conta de circunstâncias fora de seu controle. Os republicanos entendem que as oportunidades estão disponíveis a todos e vencem aqueles que trabalham melhor. O governo democrata tende a gastar mais e criar programas sociais para atender aos mais necessitados, e o governo republicano tende a conter gastos para deixar as contas em ordem e forçar cada um a dar o melhor de si para progredir. Democratas entendem que é dever de uma autoridade buscar o bem-estar de todos. Uma sociedade desigual empurra os mais ricos para cima e os mais pobres para baixo; um governo que não corrige tal discrepância é imoral por natureza e não justifica sua própria existência. Republicanos acreditam que todos devem aspirar às recompensas do trabalho e temer as penalidades da indolência. Se não houvesse retribuição para os trabalhadores e punição para os indolentes, a injustiça imperaria e a sociedade sucumbiria. Um sistema político em que as pessoas recebem o que não conquistam é imoral. Republicanos acusam democratas de perpetuar a dependência e democratas acusam republicanos de perpetuar a desigualdade. Durante a campanha para as eleições de 2012, o democrata Barack Obama e o republicano Mitt Romney representaram muito bem essas duas visões distintas.

Romney foi questionado por um jovem sobre a dificuldade de se pagar uma universidade. O candidato respondeu: "Seria muito bom para mim dizer 'eu vou distribuir dinheiro público para pagar a sua universidade', mas eu não vou prometer isso. Você simplesmente deve evitar as universidades mais caras e encontrar uma mais acessível com educação de qualidade. Torço para que você encontre. E não espere do governo o perdão da dívida que você assumir para financiar seus estudos". Essa é a tese republicana, seu sucesso ou seu fracasso é resultado das suas ações, por isso não espere que o Estado gaste com você o dinheiro público. Faça suas escolhas e receba as consequências.

Enquanto isso, o candidato Barack Obama estava em campanha pela reeleição e fazia um discurso em Roanoke (Virgínia), quando tocou no assunto da participação do governo na sociedade. "Se você é bem-sucedido, alguém o ajudou na sua caminhada. Houve um grande professor na sua escola. Alguém ajudou a criar o fantástico sistema americano que temos hoje e que o permitiu prosperar. Alguém investiu em estradas e pontes. Se você tem um negócio próprio, você não construiu isso (sozinho)". Essa é a tese democrata, o governo tem um papel fundamental para que você usufrua de um bom padrão de vida, por isso todos os outros também têm esse direito ao usar dinheiro do imposto que você paga.

No mundo dos negócios, essa guerra também mostra os pontos fortes e vulneráveis de cada sistema. Os defensores do livre mercado entendem que a pequena participação do Estado cria um ambiente menos oneroso e mais propício para o empreendedor. Isso se transforma em maior oferta de empregos e mercados altamente competitivos. Assim, vence o melhor.

Os entusiastas de um governo participativo argumentam que o poder público possui ferramentas únicas e diferenciadas para corrigir mercados predatórios que atendem apenas aos interesses privados e que ninguém mais teria as mesmas condições para se alcançar a igualdade. Assim como um jogo precisa de um juiz, uma sociedade precisa do governo.

## DEIXE O MERCADO EM PAZ

Muita gente aqui bate forte contra a participação do poder público nos mercados. Thomas Jefferson, terceiro presidente do país e autor da Declaração de Independência, é visto como uma das grandes figuras históricas que defenderam uma república autossuficiente, como fica claro em uma de suas declarações: "Eu espero que nossa sabedoria cresça junto com nosso poder e nos ensine que quanto menos usarmos nosso poder, melhor será".

Para esse time, órgãos públicos, autarquias e agências reguladoras gastam demais e acabam sendo concorrentes da iniciativa privada para aquisição de capital, afinal, toda essa estrutura custa caro. Muita procura por capital alavanca os juros dos empréstimos, o que, por sua vez, desestimula empreendedores com novas ideias e poucos recursos. O segundo argumento é que excesso de regras encarece o preço final do produto porque as empresas gastam muito para cumpri-las. Estima-se um gasto de 2 trilhões de dólares para as empresas se ajustarem às demandas do governo. Finalmente, burocratas não trabalhariam para o governo se fossem grandes conhecedores dos mercados, pois estariam na iniciativa privada ganhando milhões de dólares. O exemplo preferido dessa turma é a derrocada do mercado de imóveis em 2008, que causou pânico na economia. Nenhum funcionário de órgãos reguladores alertou sobre essa possibilidade. Os poucos que previram o caos foram funcionários de órgãos independentes e profissionais do próprio mercado, como aqueles representados no filme *A grande aposta*, de 2015.

O ceticismo é ainda maior se o governo resolve intervir quando o estrago já está feito. O exemplo aqui é a indústria automobilística.

Detroit é conhecida como "*Motor City*" (Cidade Motor) por abrigar três grandes montadoras: GM, Ford e Chrysler. A expansão dessa indústria atraiu milhões de pessoas para a cidade, que chegou a ser a quarta maior do país. Algumas décadas depois, a concorrência estrangeira, a disparada do preço do petróleo e a retração econômica frearam o crescimento dos negócios e as demissões em massa foram inevitáveis. A população da cidade – que já contou com 1,8 milhão de pessoas – caiu para 673 mil em 2016. No meio do caminho, o presidente George W. Bush resgatou a Chrysler e a GM à beira da falência. O sucessor, Barack Obama, aportou mais dinheiro, estendeu o prazo dos empréstimos, incorporou 60% da GM e encorajou a fusão entre Chrysler e Fiat. As fábricas foram salvas, mas a cidade não. Em 2013, Detroit decretou falência, a maior cidade americana a fazer isso. John Tamny, editor de economia da revista *Forbes*, entende que a melhor solução seria a falência das empresas porque alguma concorrente assumiria o controle e, com conhecimento de causa, botaria a massa falida para funcionar novamente. Essa escola de pensamento entende que a solução de um problema deve partir do próprio mercado e não do poder público. Veja o caso de Las Vegas.

Os hotéis-cassino representam para Las Vegas o que a indústria automobilística representa para Detroit. Mas, ao contrário da *Motor City*, ali a iniciativa privada age sozinha mesmo quando algum negócio começa a degringolar e foi exatamente isso que aconteceu quando três hotéis da cidade pediram água. Ninguém socorreu o Desert Inn, o Sahara Hotel ou o The Sands quando eles fecharam as portas, mas o crescimento da cidade não foi afetado. As demissões geradas pela falência dos três hotéis foram compensadas pelas contratações dos empreendimentos que ocuparam esse vazio. Não existem vacas sagradas em Las Vegas, cada um que coloque o seu melhor para funcionar ou estará fadado ao fracasso.

## NÃO DEIXE O MERCADO EM PAZ

Os defensores de um governo ativo também carregam ideias de figuras históricas. O primeiro secretário do tesouro do país, Alexander Hamilton, não só está estampado na nota de 10 dólares como é considerado um dos grandes defensores de um poder centralizado e soberano que invoca a noção de pátria e proporciona grandes conquistas à nação. "Afinal, por que o governo foi instituído?", Hamilton questionava. "Porque o desejo irrestrito do homem não está em conformidade com os princípios da razão e justiça".

A ideia aqui é que várias medidas da iniciativa pública protegem a população de um mercado que, em busca de lucro maior, falha em proporcionar o que é de interesse geral. A questão ambiental é um grande exemplo. Qual empresa elevaria seus custos de produção voluntariamente para introduzir práticas sustentáveis? É preciso a força da lei para fazer valer o bem maior. Alguém da indústria tabagista seria capaz de alertar voluntariamente sobre os riscos envolvidos com o fumo? Só mesmo uma intensa campanha custeada pelo governo foi capaz de diminuir drasticamente o número de fumantes nos EUA. Outro exemplo diz respeito aos direitos do consumidor. Um governo omisso estimula um consumo arriscado por falta de informação ou opção dos consumidores. O governo mais presente inibe um dos grandes venenos do mercado, o cartel. Diante de tamanha força de empresas que se unem para obter vantagens, o governo se prova como única solução para corrigir um jogo tão desigual.

Em 1960, 450 mil pessoas morreram nas estradas americanas e, diante de uma necessidade de ação, a posição das montadoras era que o mercado iria decidir o melhor momento para o aumento da segurança dos veículos. Lee Iacocca, notório executivo da Ford, afirmou que "estilo vende carros, segurança não vende". Em 1966, o cinto de segurança passou a ser acessório obrigatório e, em 1991, foi a vez do *airbag*. Resultado, os acidentes fatais despencaram 80%.

Continuando na área de transporte, o exemplo agora é a obrigatoriedade do uso de capacete entre os motociclistas. Alguns estados adotam a lei, outros, alegando liberdades individuais, não. Acontece que um motociclista sem capacete não só tem maiores chances de morrer, mas também maiores chances de precisar de serviços de emergência e tratamentos custosos caso não haja o óbito. Em 1991, a Califórnia gastou 40 milhões de dólares com despesas desse tipo; após a passagem da lei obrigando o uso do capacete, a conta caiu para 24 milhões.

Os cientistas políticos Paul Pierson e Jacob Hacker entendem que a ideia do "deixe o mercado decidir" é inviável em uma sociedade cada vez mais complexa e interdependente. Essa interdependência causa o que se chama de "risco sistêmico", onde a síncope de um mercado não causa efeitos negativos apenas nele próprio, mas na sociedade como um todo. Se um banqueiro em Nova York agiu com desmedida ganância, o agricultor da Califórnia vai sentir os efeitos. Foi exatamente isso que aconteceu durante a crise dos imóveis de 2008, a qual também é usada pela turma favorável ao governo ativo para justificar seus argumentos.

Segundo advogados de uma alta regulação, o grande tombo de 2008 é a prova de que seres humanos falham por avaliações incorretas ou permitem-se falhar por má-fé, e isso é motivo suficiente para a criação e manutenção de órgãos reguladores rígidos cuja função principal é neutralizar esse tipo de desvio. Muitos ressaltaram que a desregulação promove o comportamento que imperou entre os bancos antes, durante e após a crise de 2008: privatizar os lucros, socializar os prejuízos.

"E O SALÁRIO, Ó!"

Há muitos questionamentos sobre a força da economia americana na era Trump. Em maio de 2019, a taxa de desemprego era a menor desde 1969. Enquanto alguns comemoravam, outros alertavam que toda grande onda de crescimento econômico é seguida de uma recessão, por isso o fim da euforia seria inevitável. Mas com recessão ou não, outro problema tem intrigado economistas e decepcionado trabalhadores: o salário.

Contrariando a velha teoria da relação oferta x demanda, os ganhos não têm acompanhado o ritmo de abertura de postos. Segundo uma pesquisa da plataforma Glassdoor, salário foi o motivo número um para 45% das pessoas que deixaram seus empregos recentemente. Entre os motivos dos baixos ganhos, vários "ãos": terceirização, globalização, automação e anticompetição. Esse último é um dos menos falados e mais curiosos. Você já deve ter ouvido alguma vez que o contrato de determinado artista, jogador de futebol ou executivo badalado prevê um termo de não concorrência, ou seja, o profissional não pode abandonar seu emprego para trabalhar em uma empresa concorrente. Isso já não é exclusividade dos cargos mais altos. Uma pesquisa de 2014 da

Universidade de Maryland descobriu que um em cada cinco funcionários americanos tem sua liberdade limitada com esse tipo de contrato. Conclusão, para 20% dos trabalhadores, a lógica de concorrência aberta não existe e só é possível buscar um aumento de salário fora de suas empresas sendo demitido ou mudando de ramo.

O *Social Security* – correspondente americano do nosso INSS – tem chancelado oficialmente a percepção de baixos ganhos com uma pesquisa para lá de longa. A partir de 1957, um time de pesquisadores passou a acompanhar a evolução da renda média dos homens dos 25 a 55 anos. Por muito tempo houve um padrão: a cada ano, o mais jovem foi capaz de ganhar mais que o mais velho. Por exemplo, o jovem de 25 anos em 1960 obteve ganhos maiores ao longo de 30 anos que aquele de 25 anos em 1959. No final dos anos 1960, a situação começou a inverter e, quanto maior a diferença de idade, maior a queda da renda. O jovem de 25 anos que entrou no mercado de trabalho em 1982 recebeu, ao longo de 30 anos, cerca de 250 mil dólares a menos que aquele 15 anos mais velho. É muito dinheiro. Um dos resultados mais visíveis é a queda de uma das grandes tradições: sair cedo da residência da família. A chamada "Geração *Boomerang*" está voltando para a casa dos pais por falta de condições para bancar seu próprio espaço. São 19% dos homens entre 25 e 34 anos morando com a família, um crescimento de 5% desde 2005. Não parece muito, mas é problemático porque três quartos das pessoas próximas à aposentadoria possuem menos de 30 mil dólares em reservas. Em suma, pais com poucas economias e filhos com poucas perspectivas morando juntos. Isso não costuma dar certo.

Falando em família, constituir uma se transformou em um dilema, e as estatísticas – sempre elas – confirmam o que muitos já sabem. Em 2017, as mulheres pariram 500 mil bebês a menos que em 2007, apesar da estimativa de 7% a mais de mulheres entre 20 e 39 anos em plenas condições de ter filhos. Os motivos do fenômeno são bem conhecidos: alto custo para criar um filho, preocupação com a economia e instabilidade financeira.

Está cada vez mais difícil alcançar um bom padrão de vida, tão comum décadas atrás. Se considerarmos o patrimônio individual médio, o americano tem 45 mil dólares e ocupa um discreto 19º lugar no *ranking* mundial, atrás de países como Taiwan e Espanha. A mulher passou a trabalhar não só porque o movimento feminista exigiu, mas porque não houve escolha e, assim como acontece com os homens, as 40 horas semanais provaram-se insuficientes para uma vida confortável.

Além do tímido aumento real do salário – o salário mínimo federal é o mesmo desde 2009 –, ainda há o problema do aumento desigual. Os ganhos do grupo na base da pirâmide social cresceram 15% nas últimas 3 décadas, já os ganhos do topo cresceram 150%. Aqueles no monte Everest da pirâmide, 0,1% da população, viram seus ganhos crescerem 300%. Um estudo de Emmanuel Saez e Gabriel Zucman, de 2012, concluiu que essa mínima margem da população embolsou 22% do total de ganhos do país. O jornalista Matthew Stewart deixou claro em sua matéria de junho de 2018, na revista *The Atlantic*, que a melhor maneira de prever o futuro dos jovens americanos é checar a condição financeira de seus pais. Quem está bem, continuará bem. O especialista em políticas públicas John Lettieri concorda: "O CEP é o fator mais determinante para saber se alguém tem alguma chance". A professora C. Nicole Mason completa dizendo que apenas 4% dos mais necessitados tem alguma chance de escapar da pobreza.

*Estados Unidos na prática*

O linguista e filósofo Noam Chomsky, voz respeitada entre as cabeças pensantes do país, dá o seu palpite sobre as causas dessa situação desconfortável. Campanhas políticas são muito caras, grandes instituições fazem doações para os candidatos, que, quando eleitos, passam a servir essas mesmas instituições. Fácil perceber que, de acordo com essa teoria, políticos governam para conglomerados e não para a população. O resultado é uma política de Estado definida por tubarões corporativos que não aspiram a mudanças e enterram o chamado "sonho americano", cujo maior apelo é a ampla possibilidade de movimentação entre classes sociais. Hoje, os EUA proporcionam um dos menores índices de mobilidade social entre os países desenvolvidos. Em 1963, era preciso multiplicar o patrimônio por 6 para que alguém exatamente no meio da pirâmide social americana pulasse para a classe alta; hoje é preciso multiplicar por 12. Muitos consideram a alcunha "terra das oportunidades" há tempos injustificada.

Toda essa influência das corporações tem um nome: *"rent-seeking"*. Traduzindo o inglês e o economês, *rent-seeking* significa alcançar a riqueza sem produzir riqueza. *Lobby*, monopólio, especulação, legislação amigável, tráfico de influência e coisas do tipo rendem muito dinheiro, mas não distribuem dinheiro. O século XX viu o *rent-seeking* imperando em vários países ricos em recursos naturais (conheço um onde se fala português) enquanto outros apostaram (e ganharam) na atividade industrial, como foi o caso dos EUA. O resultado é que a indústria foi o berço da classe média americana que aproveitou a bonança muito bem e cresceu como nunca. Hoje, a indústria está longe de oferecer o mesmo padrão de vida e emprega apenas 10% dos trabalhadores do setor privado. No badalado setor de tecnologia, os sinais já aparecem. A Foxconn – fabricante taiwanesa de computadores e componentes eletrônicos que monta iPhones, Kindles e PlayStations – emprega mais que Apple, Dell, Microsoft, Cisco, Intel e Hewlett-Packard juntas. A gigante GE, orgulho do país, emprega mais da metade de sua força de trabalho fora dos Estados Unidos, enquanto a IBM mantém um terço de seus funcionários na Índia.

O setor de serviços – amplo o suficiente para englobar psicólogos, arquitetos, recepcionistas, caminhoneiros ou artistas circenses – lidera as contratações, e as cidades que apostaram nesse novo modelo conseguem se proteger melhor dos efeitos desagradáveis da desindustrialização, mas o setor que salta aos olhos pelo crescimento descomunal e negócios nem sempre transparentes é aquele que sempre teve um papel coadjuvante na máquina produtiva americana e hoje atua como estrela principal: serviços financeiros.

Noam Chomsky traz à tona um dado preocupante: em 1950, a atividade industrial respondia por 28% do PIB, enquanto a atividade financeira ficava com 11%. Em 2010, os papéis trocaram, a indústria era responsável por 11% e os serviços financeiros ficavam com 21%. Os bancos abocanham 1 de cada 12 dólares do PIB americano, ao passo que, nos anos 1950, eles se contentavam com 1 em cada 40 dólares. Essas corporações não contam com a empatia da população e representam para os americanos o que as empreiteiras representam para os brasileiros após os escândalos descobertos pela operação Lava Jato. Para Chomsky, essa concentração de capital nas mãos dos bancos tem enfraquecido a economia e a igualdade social americana porque o mercado financeiro, ao contrário da indústria, é muito mais complexo e instável, além de não produzir nada consumível ou utilizável de fato, como casas, energia, ferrovias ou roupas. Sua capacidade de produzir lucro vem, em grande parte, de mera especulação de capital. Para concluir, as grandes corporações ainda conseguem a proeza de pagar pouco ou nenhum imposto para o Tesouro e você não vai encontrar uma alma aqui contente com essa situação.

## A ETERNA DISCUSSÃO DOS IMPOSTOS

Imposto é uma outra frente de batalha que rende discussões acaloradas intermináveis entre os americanos. Todo brasileiro percebe que o dinheiro arrecadado com impostos nos Estados Unidos é muito mais bem utilizado que no Brasil, mas o que parece um sonho para nós não é tão animador para eles.

No filme *Wall Street – poder e cobiça*, de Oliver Stone, o personagem Lou Mannheim usa toda sua experiência ao falar "não há nada certo na vida exceto a morte e impostos". Não é bem assim. Enquanto a morte continua um pouco difícil de se evitar, as coisas mudaram bastante em relação aos impostos desde 1987, quando o filme foi lançado; o que não falta são pessoas e empresas bilionárias surfando na onda de isenções cada vez maiores do imposto de renda.

Às vésperas do Natal de 2017, Donald Trump conseguiu sua primeira grande vitória como presidente, uma reforma tributária que passou raspando pelo Congresso. O pacote incluiu uma bela queda da alíquota corporativa, 21% em substituição aos antigos 35%. Com os novos benefícios, as empresas buscaram com afinco caminhos legais para pagar o mínimo possível de impostos. Conseguiram: o lucro corporativo após a incidência deles, em julho de 2018, foi o maior da história dos EUA. O colunista David Leonhardt listou empresas que não pagaram um único centavo em impostos federais nesse mesmo ano: Amazon, IBM, GM e Delta Airlines eram algumas gigantes que faziam parte do grupo.

Além dos meios legais para evitar os impostos, muitos estão convencidos de que os velhos truques corporativos ao largo da lei continuam firmes e fortes. Edward Kleibard, ex-consultor contábil de grandes empresas, declarou que "as multinacionais americanas são mestres mundiais em esquemas de evasão fiscal". O caminho mais usual é bem conhecido, os chamados paraísos fiscais. Muitas empresas, ainda que tenham sede, fornecedores e consumidores nos Estados Unidos, usam de um complexo arsenal contábil que permite o (não) pagamento de impostos dentro das leis do paraíso fiscal. Um dos artifícios mais comuns envolve declarar prejuízo nas operações locais e transferir todo o resultado positivo para suas representações cujo endereço é uma singela caixa postal em algum paraíso fiscal. Assim, não só as empresas pagam pouco ou nenhum imposto sobre os lucros declarados no exterior, como também recebem restituição do Tesouro pelos prejuízos declarados nos EUA. As empresas também transferem patentes, marcas registradas e qualquer outro ativo milionário. Os direitos do *Swoosh*, famoso logotipo da Nike – assim como a patente do Botox e a tecnologia do Facebook –, estão registrados em um paraíso fiscal.

Mas ninguém em Washington é amador, e seria uma loucura derrubar a alíquota de empresas sem fazer o mesmo com a taxação individual. O que muita gente não gostou foi o fato de que os mais endinheirados foram os mais beneficiados. Isso não é novidade, a alíquota desse grupo já havia caído sistematicamente de 92% em 1952 para 39,6% em 2013. A nova lei garantiu mais uma queda, 37%. Entre

83

*Estados Unidos na prática*

todos os outros que não são isentos do imposto de renda, a alíquota varia entre 10% e 35%. Porém, a classe mais alta obtém grande parte de seus ganhos através de investimentos, que são tributados de maneira mais amigável que o salário. O trabalhador comum, ao contrário, é taxado majoritariamente sobre seu salário por possuir poucos investimentos. Resultado, os mais ricos pagam proporcionalmente menos impostos. Em 2017, os trabalhadores pagaram, por meio da folha de pagamento, 1,2 trilhão de 1,6 trilhão do total arrecadado pelo governo federal em impostos. Ficou famosa a frase do investidor Warren Buffet, o segundo homem mais rico dos EUA: "Pago menos impostos que minha secretária". A situação é tão questionável que um grupo de milionários autointitulados "*Patriotic Millionaires*" (Milionários Patrióticos) fazem campanha para o aumento de seus próprios impostos. O grupo argumenta que estão preocupados com os rumos do país diante de tanta desigualdade de tratamento.

No meio da confusa discussão sobre tributação, um brasileiro acabou virando manchete nos principais jornais do país.

Eduardo Saverin nasceu em São Paulo, mudou-se para os EUA em 1993 e adquiriu cidadania americana em 1998. Enquanto estudava em Harvard, conheceu Mark Zuckerberg e com ele criou o Facebook. O resto da história você pode conferir no filme *A rede social*, de 2010, mas a parte interessante começa em maio de 2012, quando Saverin renunciou à cidadania americana. A razão oficial seria seu desejo de morar e trabalhar em Singapura, mas o mundo dos negócios não botou fé e todos acreditam que o real motivo tenha sido evitar a taxação de seus ganhos milionários. Estima-se que Saverin economizou 700 milhões de dólares que pagaria em impostos para o Tio Sam. Enquanto a classe política se indignava (houve senador que propôs uma nova lei para taxar quem fizesse manobras desse tipo), a turma do livre mercado aplaudiu o gesto do brasileiro por entender que o governo não tem o direito de apropriar-se do capital alheio conquistado com muito trabalho, argumentando que, no jogo da economia, o dinheiro de Saverin girando pelo mundo em forma de investimentos, empreendedorismo ou consumo colabora de maneira mais efetiva para a riqueza das nações.

Saverin fez o movimento mais radical, mas os moderninhos milionários do Vale do Silício utilizam táticas bem antigas para fugir das altas taxações. A mais comum é abandonar a Califórnia para morar em estados com baixo ou nenhum imposto sobre pessoas físicas, como Flórida, Texas ou Nevada. O momento ideal é pouco antes da *Initial Public Offering* (IPO – Oferta Pública Inicial), quando as ações de uma empresa são vendidas pela primeira vez e ela torna-se, de fato, uma empresa de capital aberto. Em geral, a IPO garante alguns milhões a mais na conta que não serão taxados pela Califórnia se o agraciado mudar antes do depósito.

Se você é uma pessoa indignada com o tanto de impostos que paga no Brasil, agora está sabendo que os americanos compartilham sua indignação porque o sistema tributário daqui está longe de ser perfeito. Enquanto mudanças não acontecem, só resta uma coisa a fazer:

## TRABALHE MUITO E MANTENHA DISTÂNCIA

O ambiente de trabalho nos Estados Unidos é a grande oportunidade para o brasileiro entender o que é viver sem o suporte do governo. Embora o valor varie entre os estados, o salário mínimo é uma das poucas seguranças garantidas por lei. Outros benefícios são possíveis, mas como iniciativa das empresas e não imposição do governo. Vamos ver alguns exemplos: entre as nações industrializadas, os EUA são o único país que não garante férias pagas; empresas com mais de 50 funcionários trabalhando em período integral devem providenciar cobertura médica, mas muitas preferem economizar pagando a multa prevista em lei; apenas 13% das mulheres americanas contam com licença-maternidade paga; não há garantia de remuneração diferenciada para quem trabalha em finais de semana e feriados; não há fundo de garantia ou multa a se pagar quando da dispensa de um funcionário e está cada vez mais difícil processar um antigo empregador por direitos que o trabalhador afirma ter. Em maio de 2018, a Suprema Corte julgou legítimo o tipo de contrato cada vez mais utilizado, em que o contratado abre mão de buscar seus direitos em um tribunal após sair da empresa.

Encontrar emprego não é difícil, mas encontrar um bom emprego já é mais complicado. Quem não tem muita opção deve começar por baixo, situação típica de brasileiros que chegam aqui para recomeçar a vida profissional. Ao entrar nesse mundo, o salário mínimo é garantido, tarefas simultâneas são a regra e o glamour é zero. Situações que consideramos uma aberração são absolutamente normais por aqui. Não é difícil ver uma garçonete trabalhando com a perna engessada ou um vendedor almoçando um pacote de Ruffles em 10 minutos. Por outro lado, a diferença de condições de trabalho e privilégios entre as posições mais baixas e as mais altas na hierarquia não são tão abissais como no Brasil. Aquela coisa de escritório individual ou vaga reservada em estacionamentos para os chefes está lentamente caindo por terra.

As chances de se trabalhar em uma Torre de Babel são grandes. Os imigrantes estão por toda parte porque proporcionam mão de obra barata. A terceira idade também garante sua presença: os cabelos brancos definitivamente não são problema, a experiência é muito bem vista. Eu mesmo trabalho com septuagenários diariamente.

Costumo dizer que brasileiros podem levar vantagem em dois aspectos. Em primeiro lugar, somos sociáveis. Em mercados onde a automação invadiu boa parte das tarefas, o atendimento simpático ao cliente e a capacidade de trabalhar em equipe passaram a ser qualidades fundamentais. Aqueles que demonstram fácil interação se destacam. Em segundo lugar, somos caprichosos. Lá no início do livro você leu que muitos americanos abrem mão do capricho para ganhar tempo. Nossa preocupação em deixar tudo bem arrumadinho chama a atenção aqui positivamente. Por outro lado, perdemos em produtividade. Dados do *Conference Board* indicam que um trabalhador americano produz o mesmo que quatro brasileiros. O ideal é pular fora dessa estatística para crescer profissionalmente. Perder no quesito tempo é dar muitos passos para trás.

Um truque comum dos empregadores é manter os funcionários ocupados com dezenas de tarefas diárias. Eu sei que essa é a sua realidade também, mas nos EUA você aprende a ser cobrado do impossível. Seu chefe sabe que você não conseguirá fazer tudo o que ele manda, mas também sabe que quando você se desespera, trabalha como um louco, não descansa um segundo, chega perto do impossível e a produtividade é maior que a de uma ordem mais realista. Também há a tática das metas para tudo. Aqui não existe apenas uma meta mensal de vendas. Você terá metas de horas para colocar o estoque em ordem, número de toques para atender o telefone, tempo gasto para processar um pedido ou número mínimo de avaliações positivas por mês.

Brasileiros devem rever aquilo que chamam de "fazer uma social". Para americanos, trabalho não é lugar para conversar. O foco é fazer o que tem que ser feito e voltar para casa o mais cedo possível. Também entra em cena aqui o respeito à liberdade individual, e poucos se atrevem a querer saber da sua vida. Isso cria um ambiente mais impessoal. Um colega de trabalho dificilmente pergunta como vão seus estudos, se sua mãe doente melhorou ou se você conseguiu vender o carro. Na verdade, ele sequer vai saber que você estuda, tem uma mãe adoecida ou está vendendo o carro. Aqui existe a eterna necessidade de manter uma distância regulamentar para respeitar a intimidade de cada um.

## A PURA TENTAÇÃO DO CONSUMO

Você pode até tentar resistir, mas cedo ou tarde vai acabar sendo fisgado pela tentação de consumir em terras americanas. Alguns consomem pouco, mas muitos consomem demais. Isso não acontece por acaso: a tática dos baixos preços que atrai o mundo inteiro é apenas uma entre centenas de outras. Varejistas e prestadores de serviços dos EUA usam centenas de estudos comportamentais para alavancar as vendas. Os truques acontecem em qualquer situação. A lanchonete oferece um canudo com diâmetro maior para você terminar sua bebida mais rapidamente e pedir outra; o supermercado muda a disposição de alguns produtos para você se perder e andar mais pelos corredores; a loja de roupas coloca poucas unidades de uma peça para você comprar achando que não vai mais encontrá-la da próxima vez; a loja de departamentos vai reproduzir música *disco* dos anos 1970 para embalar suas compras no ritmo certo. E assim vai. Mas nada supera o grande motor do consumo americano e maior desejo das empresas: criar hábito.

Quantas vezes você já ouviu a sua avó reclamar de uma novela da TV? E quantas vezes você percebeu que sua avó continuou assistindo à novela? Pois isso tem um nome: hábito. Quem assiste a boas novelas há décadas não vai deixar de assistir a uma novela por causa da qualidade mais baixa que a média. A rotina diária da sua avó foi montada tendo a novela no cronograma. Deixar de assisti-la significa alterar o horário do jantar, do passeio com o cachorro e de dormir. Impraticável. Pois é exatamente isso que os varejistas americanos procuram em você: hábito!

Se você já consumiu nos EUA, certamente recebeu um cupom que dá direito a um desconto na sua próxima compra. Isso quer dizer que quando você está comprando um produto ou utilizando um serviço nos EUA, a empresa já está pensando na sua próxima visita. Você nem abriu a carteira para pagar e o funcionário do outro lado está trabalhando para você voltar. O objetivo, você já sabe, é criar um hábito na sua rotina ou, se você preferir, conquistar sua fidelidade. Com o hábito arraigado, tudo fica mais fácil. Você já sabe o melhor caminho para chegar, a melhor vaga para estacionar, a localização do produto que você precisa e até como evitar filas. Não há motivos para não ir ao lugar de sempre. Além do estímulo extremamente apelativo, o cupom é uma das poucas armas que o consumidor tem para pagar menos, porque a disparidade de preços entre os concorrentes de qualquer setor não é tão grande quanto no Brasil. Com o tempo, percebemos que ninguém vende um produto ou serviço por um preço muito distante da média. O cupom é a chance de fugir dessa média e economizar uns trocos. Ironicamente, é preciso ser fiel a uma marca para economizar na terra da concorrência livre e aberta.

O cupom também tem um lado desagradável porque, como dizia sua tia, nem tudo que reluz é ouro. Um desconto generoso certamente vai exigir um valor mínimo a se gastar e o truque é fazer você gastar mais que esse valor. Mas como fazer isso? Em alguns casos, a oferta de muitos produtos deve resolver, é simplesmente impossível resistir a tanta tentação; em outros, a oferta de poucos produtos também ajuda. Veja este exemplo. Eu sempre recebo cupons de uma loja on-line de relógios. Posso economizar 50 dólares em uma compra de 100 dólares ou mais. Uau! É um desconto de 50% se eu for esperto e gastar exatamente 100 dólares, certo? Mas há um problema, não encontro nenhum modelo de 100 dólares. Vejo relógios de 95 dólares e a próxima categoria pula para 145 dólares. Aí está a pegadinha, já que se eu comprar um relógio de 145 dólares, não vou economizar 50%, mas apenas 27,5%. Navegando pelo site, acho uma pulseira alternativa para o meu relógio de 95 dólares. Ela custa 25 dólares. Valor total: 120 dólares. O cupom de 50 dólares me dá um desconto de 41,6%, nada mal. Na hora de fechar a conta, vejo um aviso que o cupom não é válido para acessórios. Entendeu o esquema? Eu nunca vou economizar 50% porque é impossível fazer uma compra de 100 dólares no site.

O *member card* (cartão de associado) também é um artefato comum. Basicamente, o cartão oferece descontos e privilégios que o consumidor comum não tem. Pense em uma rede do varejo de qualquer setor: Macy's, GAP, Shop Rite, CVS, Harbor Freight, The Container Store... todas possuem um cartão de associado. Algumas cobram uma anuidade, outras exigem um valor mínimo a ser gasto e há ainda as que não exigem absolutamente nada, é só fornecer alguns dados e seu cartão é emitido. É fácil ter dezenas desses cartões na carteira e você é um herói se não se perder no mar de informações.

Vamos usar o exemplo da Barnes & Noble, maior rede de livrarias do país, com mais de 600 unidades. Você entra na loja e resolve comprar dois livros. Ao pagar, o caixa vai perguntar se você possui o cartão de associado. Em caso negativo, você vai ouvir as vantagens que terá ao adquiri-lo: 40% de desconto em livros de capa dura da lista dos mais vendidos, 10% de desconto em todos os outros produtos da loja e frete grátis para compras on-line. Tudo isso por 25 dólares anuais. Para facilitar o seu "sim", o desconto já é aplicado na compra que você está fazendo naquele momento, por isso você não vai pagar exatamente 25 dólares. Supondo que o total da sua compra seja 32 dólares e seus livros não façam parte da lista dos mais vendidos, você terá 10% de desconto – 3,20 dólares –, e o cartão vai custar "apenas" 21,80 dólares. Obviamente, é preciso fazer algumas contas na hora para saber se o seu consumo de livros justifica adquirir o cartão. A experiência me ensinou a suportar a pressão e não me deixar levar pela pressa. Se preciso, faço as contas no papel para saber se a minha média de consumo no local justifica a associação. Nesse caso da Barnes & Noble, a associação só é vantajosa se eu gastar mais que 250 dólares na loja anualmente. Eu não compro livros da lista dos mais vendidos e também não compro pela internet, por isso eu não teria a vantagem do frete grátis e meu desconto seria 10% sempre. Gastando 250 dólares ao ano, eu recupero os 25 dólares da associação, acima disso eu economizo dinheiro.

O que muita gente não sabe é que o cartão de associado é uma ótima ferramenta para monitorar as preferências do cliente. Se você compra frequentemente no local e sempre usa seu cartão para obter benefícios, também está informando para o lojista os produtos que você consome com frequência. Quando você receber uma mala-direta desse mesmo lojista, quais produtos estarão em destaque? Sim, aqueles que você compra sempre. Informação é poder.

No caso de prestação de serviços, a oferta de "pacotes" está por toda parte. Novamente, a mensagem é "venha aqui com frequência e economize". Ao comprar um pacote de 6 meses em uma pista de esqui, você vai deslizar na neve gastando menos que pagando individualmente. O pacote de 20 sessões em uma rede de cinema garante o preço mais baixo para cada sessão, e o mesmo acontece com serviços de engraxate ou lavagem de carro. Esse tipo de situação é conhecido como "*velvet handcuffs*" (algemas de veludo) por prender o consumidor ao local. Isso não é um problema para quem já é frequentador, mas a situação pode não ser vantajosa quando o consumidor é "algemado" na esperança de economizar dinheiro sem ter a prática adquirida. A empolgação pode motivar a compra do pacote, mas se a atividade não está na sua agenda frequentemente, é provável que você perca dinheiro na manobra.

A fidelidade é tão importante que o lucro, muitas vezes, é deixado de lado. A sua frequência, em algum momento, vai virar o jogo, algo como um cassino que permite que você ganhe um bom dinheiro sem esforço, mas recupera tudo e muito mais no rastro da sua cega euforia com os primeiros ganhos. É por isso que você certamente já ouviu casos de gente que reservou o carro mais barato de uma locadora para rodar pela Flórida e acabou recebendo um veículo de uma categoria acima sem custo adicional porque aquele reservado já não estava mais disponível. Bingo! Nas viagens seguintes, o cliente nem vai pensar em pesquisar, vai reservar um carro na mesma locadora e com a esperança de ganhar o mesmo *upgrade*. Você se lembra do nome dessa situação? Hábito. De quebra, a locadora ganhou propaganda gratuita. É bem possível que você tenha reservado um carro na mesma locadora depois que ouviu esse caso e também é bem possível que você não tenha tido o tal *upgrade*. Sinto muito, mas alguém tem que pagar pela vantagem dos outros.

Outro truque comum é facilitar a sua vida e lembrá-lo da necessidade de voltar ao local com um *reminder* (lembrete). O objetivo é simples, você utiliza um serviço que tem um prazo determinado e, algumas semanas antes do fim desse prazo, você vai receber um e-mail, correspondência, mensagem ou ligação telefônica (ou tudo isso) lembrando da necessidade de realizar o procedimento novamente. Pode ser a revisão do seu carro, limpeza dental ou vacinação do cachorro. Em alguns casos, o provedor do serviço agenda uma próxima visita sem a sua solicitação. Em um belo dia, eu mal tinha saído do consultório do oftalmologista e já recebi uma mensagem no celular confirmando um agendamento que eu não havia feito para dali um ano.

Tudo que você leu até agora movimenta a economia em um grau muito maior que no Brasil, mas – assim como em nosso país – todos aqui sabem que existe uma palavra mágica que faz nossos olhos brilharem e sempre salva o faturamento do lojista: liquidação. Bem, o comércio americano resolveu facilitar e todas as lojas estão em liquidação o tempo todo. Simples assim. Não há um único dia em que ao menos alguns produtos de qualquer estabelecimento não estejam em liquidação. O importante é achar um motivo e assim evidenciar o caráter temporário dela. Feriados são a artimanha favorita. Liquidação da Independência, liquidação do Dia do Trabalho, liquidação de Natal, liquidação de Ano-Novo, liquidação do Dia dos Veteranos, liquidação da Páscoa, liquidação do Dia de

*Estados Unidos na prática*

Martin Luther King e, obviamente, liquidação do Dia de Ação de Graças, mais conhecida como *Black Friday*. Mas um período longo entre os feriados não significa falta de liquidações, ninguém tem coragem de aposentar a plaquinha *sales* (nem preciso traduzir, certo?). Nesse caso, nomeá-las exige mais criatividade, mas nada que a eterna sede por lucro não seja capaz de criar. Infelizmente, nem sempre a liquidação é legítima.

Quem tem o hábito de acompanhar os preços de um determinado produto pode ter surpresas desagradáveis. Um grupo chamado Consumer's Checkbook resolveu investigar e acompanhou o preço de 20 itens em liquidação por 10 meses em 2017. Adivinha o que aconteceu? Vários deles não estavam em liquidação coisa nenhuma, o preço anunciado com alarde foi visto durante todo o período da investigação. Redes como Michael Kors, Ann Taylor e JCPenney já tiveram que pagar multa por propaganda enganosa. No Canadá, até a Amazon foi punida.

Supondo que a liquidação não foi suficiente para o cliente decidir pela compra, ele vai precisar de muita determinação para sair da loja sem ser fisgado por alguma outra estratégia do lojista. E são muitas. Você pretende comprar um vinho para uma noite romântica com a namorada? Sem problemas, o dono da loja está com um vinho de 27 dólares encalhado. Qual a solução? Ele vai colocá-lo perto da entrada da loja, ao lado de um vinho de 116 dólares. Você não vai comprar o de 116, caro demais, mas a solução está logo ao lado sorrindo para você, um exemplar de 27 dólares. Restaurantes sofisticados gostam dessa técnica da comparação. Você abre o cardápio e vê pratos de 3 dígitos: 126, 149, 184 dólares. Uau!!! Os mais persistentes vão achar no fundo da folha aquele *Linguine all'amatriciana* por 78 dólares. Apesar do preço extremamente alto por uma massa com bacon, alho, cebola, tomate, salsa e manjericão, o seu cérebro definiu novos parâmetros do que é caro e barato depois de ver tantos pratos na casa dos 100 dólares. Inevitavelmente, você vai pensar "Hummm, essa massa por 78 dólares até que não está tão cara". O que você não sabe é que o tal *Linguine all'amatriciana* vai dar muito mais lucro para o restaurante que os outros pratos mais caros do cardápio. A ideia é fazer você gastar muito achando que está gastando pouco.

Um detalhe que colabora para você consumir mais é a maneira como o preço do produto é apresentado. Em primeiro lugar, você dificilmente vai encontrar o termo "dólar" ao lado do numeral. Já foi provado que a ausência dele aumenta a predisposição do cliente em comprar o produto. Sem o "dólar" escrito ao lado do preço, o seu inconsciente entende aquele valor como um simples número e não como gasto. Além disso, o velho truque de baixar uma unidade é praticamente obrigatório (13,99 em vez de 14 dólares). Mas o que mais agrada um brasileiro acostumado a consumir em uma moeda fraca é ver um número que, em princípio, não é tão assustador por si só. O número em si parece leve e honesto, raramente causa indignação. A combinação moeda desvalorizada e alta inflação impede que brasileiros tenham essa experiência com frequência, mais um motivo que explica o prazer de se consumir nos Estados Unidos.

Minha conclusão é que consumir aqui é bom demais desde que você encontre o equilíbrio e entenda seus limites. O ideal seria sair de casa apenas com o dinheiro reservado para consumir naquele dia, mas isso nunca vai acontecer. Um pequeno retângulo de plástico que mora na sua carteira é o principal culpado.

## CARTÃO DE CRÉDITO, O TESTE FINAL

Não ter cartão de crédito nos Estados Unidos é não viver. Achar uma pessoa sem dinheiro na carteira é fácil, sem cartão de crédito é quase impossível. Paga-se qualquer coisa com cartão (com as devidas e poucas exceções que confirmam a regra) e essa é a forma de pagamento preferida de 40% dos americanos contra 11% que preferem pagar em dinheiro vivo. Aqui, há 171 milhões de pessoas com pelo menos um cartão de crédito, 52% da população do país. No Brasil, são 60 milhões e 28%, respectivamente.

Para um recém-chegado, não é muito fácil adquirir um cartão pela falta de histórico de crédito. As poucas opções são cartões com altas taxas de juros e baixo limite. Aos poucos, o portador vai conquistando a confiança do mercado caso pague suas contas em dia até o ponto em que a situação se inverte e começa a chover oferta de cartão na caixa do correio. Se quase ninguém aceita um consumidor sem histórico, quase ninguém deixa de mandar uma proposta para um consumidor com bom histórico. Esse é o momento do consumidor colher o que plantou.

A grande vantagem dos cartões americanos, além dos básicos motivos de prazo de pagamento e organização das contas em um único canal, são os benefícios extremamente generosos a partir dos pontos acumulados. Há muito mais opções para acumular, resgatar e gastar os pontos. O resgate preferido são créditos na fatura, que podem chegar a 6% do valor gasto, um dinheiro sem esforço muito bem-vindo. No caso de alguém gastar muito em um setor específico, é possível tirar muitas vantagens. Para quem usa muito o carro, será vantajoso um cartão que pontua mais em postos de gasolina. Para os *gourmets*, há cartões com pontuação superior em restaurantes.

Grandes famílias podem se dar bem com cartões que pontuam generosamente em supermercados e viajantes frequentes vibram com a pontuação privilegiada em gastos no exterior. Existem vários cartões que oferecem pontuação maior em rotatividade. O primeiro trimestre do ano pode privilegiar restaurantes, o segundo supermercados, o terceiro postos de gasolina e o quarto gastos internacionais. Os americanos não são bobos e têm maximizado os benefícios em ritmo mais intenso que o esperado pelas próprias administradoras. Cerca de 92% dos gastos com cartão de crédito são feitos com aqueles que oferecem pontuação privilegiada. O problema é que alguém tem que pagar pelo benefício dos clientes e os comerciantes não gostam das taxas mais altas exigidas das administradoras desses cartões. Uma briga judicial está em andamento e, dependendo do resultado, é possível que no futuro um estabelecimento aceite uma bandeira, mas não todos os cartões dela.

Pode parecer muito provinciano, mas a maior vantagem para mim é a facilidade de encontrar um cartão de crédito que não cobra anuidade e tampouco qualquer condição para oferecer esse benefício. Se existe uma coisa que faz o meu sangue ferver é anuidade de cartão de crédito. Aqui nos EUA, eu tenho economizado muito dinheiro e indignação desde que adquiri esses cartões.

As vantagens são maravilhosas, mas todo cuidado é pouco; 44% dos titulares possuem dívida no cartão. A média das dívidas é de 9.600 dólares. Assusta, mas até nesse momento é possível levar vantagem. Alguns cartões permitem aos novos clientes transferir a dívida acumulado no antigo e pagá-la sem juros por vários meses. Sei que parece impossível pagar dívida de cartão de crédito sem juros, mas a enorme concorrência oferece benefícios como esse. Mas nem pense em não pagar essa dívida ao fim do prazo estabelecido pelo novo cartão, ou os juros serão ainda maiores que os do cartão original. Se essa situação estiver próxima de acontecer, é normal o usuário adquirir um terceiro cartão e transferir novamente a dívida. E assim o americano vai empurrando o problema com a barriga.

O desafio para um brasileiro com cartão de crédito americano é se adaptar a um sistema que parece bom demais para ser verdade. O período máximo de vencimento vai além dos nossos usuais 40 dias, pode chegar perto de 60 dias. Sim, é um problema. Essa boa notícia esconde uma armadilha, a incrível facilidade em se perder no meio de tanto prazo. Você também vai perceber que pode pagar sua dívida como bem entender e na frequência que quiser, sempre respeitando a data limite do pagamento de cada gasto e o valor mínimo de cada ciclo. Se a fatura lista 40 gastos, é possível pagar os 15 primeiros em um dia, outros 5 na semana seguinte e assim por diante. Tudo isso é ótimo para aqueles que checam a fatura diariamente, mas se você faz o estilo Zeca Pagodinho "deixa a vida me levar", vai acabar mergulhado em uma areia movediça de números que pode empurrá-lo para a imensa fatia da população que deve cerca de 1 trilhão de dólares às administradoras de cartão de crédito. Uma pequena falha e sua reputação de pagador escorrega pelo ralo. E não há nada pior nos Estados Unidos que ter o nome sujo.

Aqui existe um sistema de pontos que determina a sua qualificação na ciranda econômica. Esses pontos são calculados de acordo com o seu histórico de pagamentos, crédito disponível na praça e tempo desse crédito. O sistema mais popular de avaliação é o chamado FICO, uma escala de 300 a 850 pontos. Quanto maior sua pontuação FICO, maiores são suas chances de obter crédito em condições vantajosas; mas se você não honra suas dívidas em dia, terá pontuação baixa e será incapaz de comprar um carro, uma casa ou qualquer outro produto que não seja pago à vista. Nas poucas situações em que isso é possível, pode esperar juros bem altos e muita burocracia. Em outras palavras, o seu acesso a crédito e suas condições vão depender de como você tem gerenciado sua vida financeira. Esqueceu de pagar a conta de luz do mês passado? Vai perder pontos. Quitou o financiamento do carro sem falhas? Vai ganhar pontos. Está no limite de crédito do seu cartão? Nada bom. Tem uma rotina financeira estável e sem grandes dificuldades? Muito bom. Qualquer movimento financeiro de sua parte é armazenado, e a soma de tudo que você faz resulta na sua pontuação.

Os americanos são obcecados por essa pontuação. Enquanto o tapete vermelho é estendido para quem tem muitos pontos, os que estão no outro extremo não recebem sequer "bom dia". Conversando com um colega de trabalho, ele me disse que os estudantes têm muitas dificuldades para conseguir crédito porque não possuem histórico de consumo consistente. Logo na sequência, ele deu um sorriso maroto e me cochichou "Vou te falar um truque para a sua filha não passar por isso". Minha filha?! Ela ainda é um bebê, será que eu tenho motivos para me preocupar com isso? De qualquer maneira, fiz um sinal positivo para ele indicando que estava pronto para ouvir a informação preciosa. "Entre em contato com a administradora do seu cartão de crédito e peça um cartão adicional para ela". Enquanto eu ainda pensava no sentido de pedir um cartão de crédito em nome de um bebê, ele completou. "Quando ela começar a vida adulta, já terá um crédito de muitos anos. Só não se esqueça de fazer algumas compras com o cartão dela de vez em quando". Nesse momento, percebi como essa pontuação afeta as pessoas, por isso todo americano tem um conselho na manga para você não comprometer a sua. Por exemplo, pagar a fatura do cartão de crédito próximo à data limite não é uma boa ideia. Na verdade, quanto antes você honrar suas dívidas, melhor. Fazendo isso, o mercado financeiro entende que você consegue pagar suas contas com facilidade e antecedência, uma ótima notícia para seus futuros credores. Também recomenda-se usar apenas entre 20% e 30% do limite de cada cartão para que fique claro que você não vive com a corda no pescoço. Existe até o truque de pedir um cartão e não usá-lo para que seu crédito disponível seja maior (só não imaginava que ele valia para bebês também). Uma pegadinha fácil de se cair diz respeito à consulta de crédito. Quando o consumidor se dispõe a assumir uma grande dívida, o credor vai consultar a sua pontuação FICO (ou de outro provedor de histórico de crédito) para decidir se aprova o empréstimo. Uma consulta dessas deduz a pontuação. Essa é uma maneira do mercado dizer ao consumidor que tem gente de olho nas intenções dele fazer um grande gasto. Esse detalhe motiva os americanos a serem muito decididos na hora de comprar um carro ou uma casa. Para cada oferta que ele fizer por um bem desses, haverá uma consulta; cada consulta vai reduzir sua pontuação e uma queda grande significa menor chance de conseguir crédito. Ficar em dúvida para fazer uma compra pode ser um péssimo negócio.

Com esse emaranhado de detalhes, não surpreende que muitos consomem sem o devido preparo. A consequência é uma situação incomum no Brasil, mas não tão difícil de se ver nos EUA: a falência pessoal. Ao declarar falência pessoal, o devedor reconhece a impossibilidade de pagar suas dívidas e pede clemência em uma corte estadual ou federal para que não seja mais cobrado por ela. Embora não seja aplicável a qualquer dívida, é possível se livrar de muitas delas. Obviamente, a questão não termina por aí e o declarante pode amargar cerca de 10 anos com o nome sujo. Enquanto uma baixa pontuação limita o acesso a crédito, a falência pessoal fecha as portas. O número de pedidos de falência pessoal atualmente gravita em torno de 800 mil por ano, nada mal comparado com o ano de 2005 que registrou um recorde de mais de 2 milhões de pedidos.

A falência pessoal é algo tão real que nem as celebridades escapam. Nicolas Cage, Willie Nelson, Pamela Anderson, Kim Basinger, Larry King, Dionne Warwick e tantos outros já declararam falência. O ator Wesley Snipes chegou a ser preso por conta do montante de suas dívidas. Outro ator, Mickey Rooney, declarou falência em 1962, prova de que o problema não é recente.

O paraíso das compras também pode ser o inferno das contas. Como dizem os médicos, a diferença entre o remédio e o veneno é a dose.

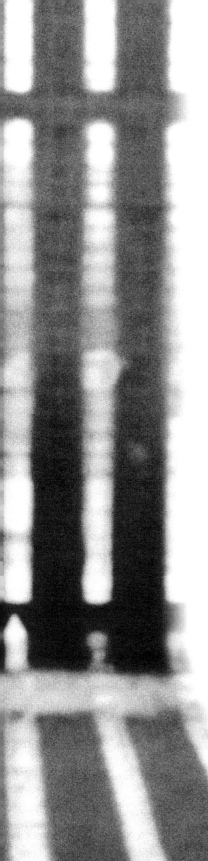

MINORIAS
# O PROBLEMA DAS DIFERENÇAS

Falar de diversidade nos Estados Unidos é chover no molhado. Se tem uma coisa que impressiona neste país é a mistura fenomenal de raças, cores, etnias e credos que proporciona um imenso mosaico. Sim, o Brasil também é um país de enorme diversidade, mas aqui nos EUA ela está em um estágio mais avançado. Você deve estar pensando no taxista indiano ou no garçom mexicano. Eles continuam por aí firmes e fortes, mas a coisa vai muito mais longe quando moramos no país e interagimos com o mecânico filipino, o dentista indonésio, a corretora de seguros egípcia, o farmacêutico hindu, a vizinha *hippie* e o colega de trabalho mórmon.

Como exemplo de grande democracia que é, os Estados Unidos também demonstram ter espaço para a diversidade entre seus líderes. Depois da eleição do primeiro presidente negro, em 2008, e da nomeação da primeira juíza hispânica para a Suprema Corte, em 2009, os EUA mais uma vez deram um grande exemplo nas eleições intercalares dos últimos anos. Danica Roem foi o primeiro transgênero a ser eleito para uma House of Delegates, o correspondente à nossa Assembleia Legislativa; Jenny Durkan, abertamente homossexual, foi eleita prefeita de Seattle; Lori Lightfoot, também homossexual e negra, foi eleita prefeita de Chicago; Sharice Davids foi a primeira homossexual e descendente de indígenas eleita para a Câmara dos Representantes, o correspondente à nossa Câmara dos Deputados; Jared Polis é outro exemplo de vitória dos homossexuais ao ser o primeiro político abertamente gay a assumir o governo de um estado, no caso o Colorado; as muçulmanas Ilhan Omar e Rashida Tlaib foram as primeiras seguidoras do islamismo eleitas representantes; Alexandria Ocasio-Cortez, de apenas 29 anos, foi a mais jovem eleita para o Congresso; o refugiado Wilmot Collins, natural da Libéria, foi eleito prefeito de Helena (Montana); Michele De La Isla, nascida em Nova York e criada em Porto Rico, ex-moradora de rua e vítima de um relacionamento abusivo, foi eleita prefeita de Topeka (Kansas). A Assembleia Legislativa do estado de Nevada é a primeira na história americana a ter maioria feminina entre seus representantes. Tudo indica que esse é um caminho sem volta, a questão é saber quando que a mesa vai virar.

O ano de 2044 parece ser aquele que vai redefinir o que entendemos como um típico americano. Pesquisadores apontam que, nesse ano, os brancos não hispânicos deixarão de ser maioria no país. É bem verdade que esse grupo ainda será o maior, 49% da população, mas não maior que a soma das minorias – 25,1% de hispânicos, 12,7% de negros, 7,9% de asiáticos e 3,7% de outras origens (além de 1,6% não identificados). Ainda falta um bom tempo até 2044, mas percebi que o equilíbrio entre raças e etnias já é uma realidade em um domingo preguiçoso de maio de 2017, enquanto assistia à final do concurso Miss USA (não me julgue, a TV no domingo não tem boas opções em qualquer país do mundo). O que mais me chamou atenção foi o perfil das três finalistas. Havia uma negra, uma indiana e uma loira. Todas lindas, mas a curiosidade sobre os critérios de escolha foi inevitável; parece que beleza apenas não é suficiente. Talvez o objetivo tenha sido evitar o problema do Oscar de 2016, quando o diretor Spike Lee causou barulho ao reclamar que a premiação daquele ano, assim como a do ano anterior, não continha nenhum negro nas quatro categorias que envolvem atores e atrizes. O resultado foi a *hashtag* #oscarsowhite (#oscarmuitobranco) circulando pelo mundo virtual. O Grammy de 2018 também não escapou de uma hashtag de protesto pela falta de mulheres premiadas, #grammysomale (#grammymuitomasculino). Em 2019, veio a reparação com discursos feministas e 31 mulheres agraciadas. Enquanto alguns questionam o real mérito de quem foi premiado após protestos desse tipo, outros comemoram um tratamento igualitário que o país estava devendo e agora paga com juros.

Qualquer propaganda de TV ou quadro de funcionários de uma empresa procura exibir um ambiente diverso, no qual há lugar para as diferenças, mas seria muita inocência achar que todos gostam da ideia. Assim como é fácil ler nos jornais discursos nacionalistas e ataques xenofóbicos na Europa, nos Estados Unidos também é possível ouvir a voz de quem não gosta do conceito de integração. E não é de hoje.

É bom lembrar que a escravidão teve papel importante nos Estados Unidos. Por volta de 400 mil negros foram trazidos da África – um número pequeno comparado com os cerca de 5 milhões que desembarcaram no Brasil –, mas nada desprezível. Os dois países dispensaram aos escravizados um tratamento desumano semelhante, mas a questão toma rumos diferentes com o fim da escravidão, em 1865, nos EUA, e, em 1888, no Brasil. A marginalização dos negros diferenciou-se não pelos resultados, mas pela clareza. Enquanto no Brasil a segregação foi velada, nos EUA foi assumida. Nos antigos estados escravocratas do Sul, não faz muito tempo, o combate à integração racial era aberto, patrocinado por autoridades políticas e sem qualquer diplomacia. Ódio, antipatia, inimizade e morte eram legítimos para uma parte grande da camada branca da região. Lentamente, a segregação legal foi dizimada e, a partir desse momento, a desigualdade passou a ter um caráter semelhante à brasileira, na qual tudo parece bem até o momento em que alguém resolve puxar o tapete para mostrar a sujeira acumulada. A luta então se virou contra a segregação invisível que coloca os negros nas piores posições das estatísticas.

Aos poucos, o conflito com os negros foi dividindo espaço com os hispânicos por conta de um fluxo migratório constante e crescente ao longo do século XX. Mexicanos, cubanos, porto-riquenhos, salvadorenhos e dominicanos chegaram aos montes e formaram as maiores colônias hispânicas. As gerações seguintes não precisaram passar pelo drama da legalização, já nasceram no país, mas assim mesmo precisam lutar pelo reconhecimento à sua própria cidadania. Nascer em solo americano garante os direitos legais, mas não significa ser visto como um americano. Enquanto os negros lutam por oportunidade, hispânicos lutam por identidade. Uma coisa é morar no país, outra coisa é ser aceito. O instituto Gallup vem fazendo uma pergunta simples aos americanos desde os anos 1930: Qual é o principal problema do país hoje? Desemprego, inflação, custo de vida, drogas, educação, violência e guerra têm sido constantemente citados como os maiores desafios. Imigração sempre esteve entre as últimas posições até fevereiro de 2017, quando ocupou o segundo lugar, atrás apenas de outra resposta atípica: insatisfação com o governo.

Assim, os Estados Unidos enfrentam o desafio de buscar igualdade de condições para as minorias sem abandonar a maioria branca, uma luta que não enxerga um fim próximo

## OS NEGROS E A FERIDA QUE NÃO CICATRIZA

Já é de pleno acordo que não há um único período da história dos Estados Unidos em que os negros tenham sido tratados com igualdade. Desde a independência do país em 1776, passando pelo fim da escravidão, o movimento pelos direitos civis, o mandato de Barack Obama e a atual campanha *Black Lives Matter*, todo negro garante ter passado por alguma experiência que levanta a hipótese de preconceito.

A primeira conquista histórica foi a chamada *13th Amendment* (13ª Emenda), legislação que aboliu a escravidão em 1865 e faz parte das três "Emendas da Reconstrução", que, além da liberdade, garantiram também o direito ao voto e a cidadania americana após a Guerra Civil. A causa ganhou corpo, mas a resistência dos antigos estados escravocratas do Sul começou a adquirir um perfil paramilitar para barrar as novas tendências. A Ku Klux Klan (KKK) foi a face mais visível, utilizando métodos de intensa intimidação e violência, como espancamentos, torturas, trabalho forçado e mortes... muitas mortes. Cadáveres de negros enforcados e pendurados em árvores pipocaram pelas cidades sulistas, e raramente se viu punição aos responsáveis porque muitos eram extremamente influentes e ligados a partidos políticos e autoridades locais. A força da KKK era tanta que, em 1924, ela contava com 4 milhões de membros, cerca de 3,5% da população do país.

A segregação era oficial e amparada por legislações estaduais. O chamado *Black Code* (Código Negro) levava os negros a viverem e trabalharem à margem da economia formal, longe de qualquer possibilidade de progresso. Brancos e negros não frequentavam os mesmos locais. Escolas, igrejas, bibliotecas, restaurantes, hotéis, bares, clubes e tudo mais que você possa imaginar não permitiam frequentadores de ambas as raças. As placas *"white only"* (somente para brancos) estavam em todo lugar. Até bebedouros públicos eram segregados, e não faltavam leis inusitadas em alguns estados, como a que proibia brancos e negros de jogarem xadrez juntos.

## A ETERNA LUTA

Há vários momentos determinantes e simbólicos na luta contra a segregação nos Estados Unidos. Há o caso de Rosa Parks, que se recusou a ceder seu lugar no ônibus para um branco como previa a lei e foi presa em 1955. Também há o exemplo do movimento *sit-in*, um grupo que entrava em restaurantes onde negros não eram bem-vindos e resistia à agressividade dos frequentadores. Há a história de liderança de Martin Luther King, que fez o discurso mais lembrado do século XX, "Eu tive um sonho". Há o caso de radicalização do grupo Panteras Negras, que incentivou o porte de armas para que a população negra pudesse se defender.

Também houve contra-ataques. No estado do Arkansas, um grupo de nove estudantes negros, conhecido como *Little Rock Nine*, foi recebido com extrema hostilidade no primeiro dia de aula da Central High School, em 1957. Em 1963, ocorreu uma das cenas mais lembradas da história americana. O governador George Wallace se posta na entrada da Universidade do Alabama para impedir a matrícula de dois estudantes negros. A cena adquiriu *status* tão simbólico que foi usada no filme *Forrest Gump*. Meses depois, na cidade de Birmingham, um grupo de quatro segregacionistas provocou uma explosão de alta intensidade na igreja batista 16$^{th}$ Street durante o culto do domingo, matando quatro meninas negras entre 11 e 14 anos. Durante as Marchas de Selma de 1965, quando ativistas buscaram o direito ao voto marchando de Selma a Montgomery, a reação policial provocou o conhecido "Domingo Sangrento".

No meio de tudo isso, em 2 de julho de 1964, o *Civil Rights Act* tornava ilegal a discriminação com base em raça, cor, religião, sexo ou nacionalidade. O Ato dos Direitos Civis foi tão emblemático que alterou o mapa geopolítico dos Estados Unidos. Após o fim da Guerra Civil no século XIX, com vitória do Norte sobre o Sul, os republicanos liderados pelo presidente Abraham Lincoln conquistaram total antipatia dos sulistas derrotados, que encontraram um foco de resistência no Partido Democrata – por muito tempo, os democratas foram associados à segregação. Após a assinatura do Ato, o democrata Lyndon Johnson fez uma previsão para um assessor: "Nós acabamos de entregar o Sul aos republicanos". Dito e feito.

Ninguém mais poderia matar por não simpatizar com negros, mas segregacionistas passaram a utilizar outros métodos mais discretos. Atualmente, a principal arma para traduzir supostas intenções dissimuladas são as redes sociais. Como não poderia deixar de ser, tudo começou com uma morte.

## #BLACKLIVESMATTER

O adolescente negro Trayvon Martin voltava a pé para casa no início da noite de 26 de fevereiro de 2012 em Sanford (Flórida), quando percebeu que estava sendo seguido por um carro. Na direção estava George Zimmerman, segurança do condomínio onde Martin estava morando temporariamente. Assustado, Trayvon correu e poucos segundos depois foi morto a tiros disparados por Zimmerman. O autor dos disparos contou à polícia que suspeitou do jovem ao vê-lo com as mãos no bolso canguru do moletom. Zimmerman foi liberado, o caso tomou grandes proporções, e Nova York se mobilizou para a "Marcha de um milhão de capuzes".

Horrorizada com o crime, a jovem californiana Alicia Garza publicou um desabafo no Facebook. "Negros, eu amo vocês. Eu amo todos nós. Nossas vidas são importantes. Vidas negras são importantes". Patrisse Cullors, outra jovem da Califórnia, achou a última parte da publicação impactante e decidiu apoiar a mensagem adicionando o símbolo *hashtag* (#) para multiplicar o alcance da publicação. Assim nascia o *Black Lives Matter*, um movimento que entende a força das redes sociais e espalha vídeos de ações policiais contra negros. O farto material causou a volta de uma expressão traumática: *Jim Crow*.

O termo nasceu no século XIX, quando o ator Thomas Dartmouth Rice atingiu grande popularidade no circuito teatral amador ao representar um escravo ignorante, preguiçoso e inepto, algo como uma versão de Macunaíma, de Mário de Andrade. Seu nome era Jim Crow, e assim nascia um termo pejorativo que resumia toda a condição inferior em que os negros se encontravam. Décadas depois, "leis Jim Crow" era o termo usado para se referir a quaisquer leis coniventes com a segregação. Hoje, é comum ouvir "o novo Jim Crow" quando ativistas entendem que determinada situação não passa de uma reprise da época das "leis Jim Crow".

Em alguns momentos, "o novo Jim Crow" permite o renascimento da segregação evidente que muitos pensavam estar enterrada. Você se lembra do movimento *sit-in* em que grupos de negros eram hostilizados em restaurantes? Em 12 de abril de 2018, um funcionário de uma loja Starbucks da Filadélfia chamou a polícia ao desconfiar de dois negros que estavam conversando na loja sem consumir. Você se lembra dos negros enforcados em árvores pela Ku Klux Klan? Durante sua campanha pela reeleição no estado do Mississipi – conhecido pelo altíssimo número de crimes raciais –, a senadora Cindy Hyde-Smith declarou que sentaria na primeira fila caso fosse convidada para uma sessão de enforcamento público. Você se lembra da bomba que explodiu na igreja batista 16th Street em Birmingham, matando quatro meninas negras? Pois em 17 de junho de 2015, um jovem chamado Dylan Roof entrou na igreja Emanuel African Methodist Episcopal da cidade de Charleston (Carolina do Sul) e matou nove negros que estavam em serviço de oração.

111

Ao ser preso, Roof disse que sua intenção era iniciar uma guerra racial. Os ativistas argumentam que essa guerra já acontece, mas muitas das novas estratégias de ataque não são tão visíveis como a que ele escolheu.

Ninguém a favor da integração racial discorda que tanto a 13ª Emenda quanto a Lei dos Direitos Civis não são capazes de impedir uma segregação que utiliza métodos mais sutis de controle sobre os negros e manutenção dos interesses de setores poderosos. A cientista política Iris Marion Young criou a famosa metáfora da gaiola para explicar o mecanismo da situação que não é possível identificar à primeira vista. Se chegarmos muito perto de um passarinho dentro de uma gaiola, será difícil vê-lo preso porque não se enxerga as arestas da gaiola; somente quando nos afastamos, vemos as várias arestas ligadas de uma maneira específica para encarcerar a ave. Conclusão: é preciso tempo e distância para enxergar o errado. Julgar rapidamente apenas pelo que acontece ao nosso redor distorce a real dimensão do problema. A teoria caiu como uma luva na mão do *Black Lives Matter* para explicar como um negro é afastado da sociedade sem causar indignação da opinião pública: criando e lotando gaiolas, ou melhor, prisões.

DEPÓSITO DE NEGROS

Se na vida aqui fora as estatísticas não favorecem os negros, dentro das prisões a situação não é muito diferente. Eles respondem por 13% da população americana, mas formam 49% da população carcerária. O sociólogo Loïc Wacquant alega que "o novo Jim Crow" se manifesta em um sistema prisional que isola em vez de recuperar, um claro sinal da falta de utilidade dos negros no sistema atual. O *Black Lives Matter* alerta que a prisão é um estágio anterior a uma vida sem qualquer oportunidade. Após um período atrás das grades, um ex-detento entra em um mundo paralelo, no qual dificilmente tem acesso a empréstimo, universidade, emprego, voto ou hipoteca. Muitas vezes nem a habilitação é mais permitida. Prisão para um negro é considerada pelos ativistas uma pena de morte civil.

Muitos entendem que dinheiro, e não culpabilidade, determina o destino de um acusado. Ao comparar os casos de duas pessoas suspeitas do mesmo delito, o movimento negro garante que o acusado que tem dinheiro (quase sempre um branco) pode ser liberado em pouco tempo, enquanto o que não tem dinheiro (quase sempre um negro) vai para a cadeia no mesmo curto espaço de tempo. Cerca de 70% dos presos americanos não foram julgados; eles simplesmente não têm dinheiro para pagar pela liberação.

A questão das prisões também compromete profundamente o futuro dos filhos dos prisioneiros. Homens encarcerados colaboram com a intensa queda de famílias negras tradicionais, com pai, mãe e filhos. Nos últimos 50 anos, a proporção de negros morando em uma casa com pai e mãe caiu de 61% para 31%, e uma pesquisa do falecido senador e sociólogo Daniel Patrick Moynihan indicou que filhos de mãe ou pai solteiro têm três vezes mais chances de viver abaixo da linha da pobreza. O ex-presidente Barack Obama, ele mesmo filho de pai ausente, demonstrou preocupação em um discurso de 2013 após a morte da jovem Hadiya Pendleton, de 15 anos, atingida por um tiro nas costas em um parque de Chicago apenas uma semana após se apresentar na cerimônia de posse de Obama. "Nada seria mais importante para reduzir a violência do que famílias estáveis e fortes, o que significa que deveríamos nos esforçar para promover o casamento e encorajar a presença do pai". O então presidente pressionou pela aprovação de um projeto de lei que, entre várias outras mudanças, reduziria penas e criaria um pacote de investimentos em programas de recuperação de detentos. O projeto entrou em modo de espera com as eleições de 2016, mas outro projeto semelhante – o *First Step Act* – proporcionou uma rara aliança nos dias de hoje entre democratas e republicanos, e Donald Trump assinou a lei em dezembro de 2018. Obviamente, a questão da raça não é citada pela legislação, mas os negros são os mais beneficiados, afinal um em cada três negros americanos é preso em algum momento da vida.

O desafio que toda essa situação provoca também atinge os pais negros que não estão nas celas. Ruddy Roye, fotógrafo da revista *Time*, rodou o país para retratar e entender a maior preocupação desses pais atualmente. Nenhum citou desafios comuns da paternidade, como ensinar seus filhos a lutar por seus objetivos, respeitar o próximo ou trabalhar honestamente. Segundo eles, o maior desafio é explicar o conceito de injustiça social, por isso um tradicional e importante momento de intimidade entre pai e filho adquire um novo significado entre as famílias negras. "*The talk*" (a conversa) é como os americanos definem o instante em que um pai deve conversar com o seu filho a sós sobre sexo, uma questão que ele ainda não entende bem, mas está prestes a encarar. Para os pais fotografados por Ruddy Roye, *The talk* significa o momento em que os pequenos precisam entender que vão enfrentar maiores desafios na vida por conta de sua condição racial. O que nenhum pai esperava, branco ou negro, era a necessidade de conversar sobre um episódio imprevisível até mesmo em um dos momentos mais imprevisíveis da história do país.

## CHARLOTTESVILLE

Lendo as páginas deste capítulo, você deve ter percebido que o tema da segregação racial é extremamente complexo nos Estados Unidos. Porém até quem dizia que já tinha visto de tudo se surpreendeu com o acontecido em agosto de 2017. O cenário de um combate que tomou conta das manchetes foi uma simpática cidade de 150 mil habitantes, localizada no estado da Virgínia.

Seguindo uma tendência de várias outras cidades nos últimos anos, Charlottesville procurava se livrar de símbolos d'A Confederação, a união política do século XIX que representava os estados agrários e escravocratas do Sul e que não gostaram das intenções do então presidente Abraham Lincoln de abolir a escravidão. Essa rixa cresceu e se transformou naquilo que conhecemos como Guerra Civil dos Estados Unidos. Robert E. Lee foi um dos comandantes dos Confederados e, apesar da derrota, os sulistas sempre mantiveram o orgulho da luta de suas tropas e seus ideais. Talvez você se lembre da série *Os gatões* – exibida na Globo, Record e Warner Channel –, na qual os primos Bo e Luke Duke azucrinavam o condado de Hazzard em um Dodge Charger 1969 laranja que, não coincidentemente, se chamava General Lee e ostentava uma enorme bandeira confederada pintada no teto. As coisas mudaram e exibir orgulho por ser um confederado passou a ser visto como sinal de racismo. Para mostrar que os princípios confederados não têm mais lugar, várias cidades sulistas passaram a remover qualquer lembrança de tais ideais, como o caso do enorme monumento em homenagem ao General Lee no Emancipation Park, o nome recente do local antes conhecido como Lee Park, em Charlottesville. Muita gente não gostou da ideia argumentando que a remoção feria as raízes e a identidade da população local, e um grupo resolveu protestar.

Durante a marcha, em 12 de agosto de 2017, bandeiras confederadas e nazistas carregadas por gente munida com rifles, cassetetes, escudos, gases químicos e capacetes deixavam claro que a coisa não iria acabar bem. De cara, eu me perguntei como uma manifestação que faz apologia ao nazismo era permitida. O confronto com o outro lado, formado por estudantes, professores, religiosos e grupos de esquerda, foi inevitável. Entre socos, cacetadas e pontapés, um tiro dado por um líder da Ku Klux Klan foi capturado pelas câmeras de TV. Pouco depois do estado de emergência declarado pelo governador Terry McAuliffe, o jovem James Alex Fields Jr. (do grupo confederado) acelerou seu carro em direção aos opositores e atropelou 20 pessoas. A assistente jurídica Heather Heyer não resistiu e morreu no local. Para completar o caos, um helicóptero usado pela polícia para monitorar a situação caiu e matou dois policiais.

Esse tipo de evento já é motivo para discussões, palestras, editoriais, debates em sala de aula, *hashtag* no Facebook e tudo mais que você possa imaginar que seja capaz de manter acesa a chama da polêmica, mas Charlottesville foi a prova cabal de que o presidente Donald Trump tem a incrível capacidade de provocar mais barulho do que qualquer polêmica em si.

Ainda no dia do ocorrido, Trump declarou que não aprova qualquer demonstração de ódio, fanatismo e violência de qualquer lado. Esse "qualquer lado" caiu como uma bomba por ter sido interpretado como simpatia pelo lado segregacionista. O estrago foi tamanho que, dois dias depois, o presidente afirmou que aqueles que causam violência em nome do racismo são criminosos, inclusive supremacistas, neonazistas e a Ku Klux Klan.

A situação esquentou novamente pouco tempo depois. A atriz Roseanne Barr, notória conservadora, tuitou uma mensagem incendiária em maio de 2018: "A irmandade islâmica e o Planeta dos Macacos tiveram um bebê = VJ". VJ se referia à Valerie Jarret, uma empresária negra nascida no Irã que serviu como assessora de Barack Obama na Casa Branca. A reação não veio apenas da população, mas de corporações também. A ABC cancelou imediatamente a série *Roseanne*, protagonizada pela atriz, que fazia enorme sucesso na ocasião. Roseanne Barr culpou as pílulas para dormir Ambien pela declaração, e a fabricante Sanofi emitiu um comunicado esclarecendo que racismo não é um efeito colateral conhecido de seus medicamentos. Menos de um mês depois, o restaurante Red Hen, localizado em Lexington (Virgínia), confirmou a tendência do mundo corporativo em se posicionar em debates de grande repercussão. A dona do restaurante expulsou do recinto a então porta-voz da presidência da república, Sarah Huckabee Sanders, argumentando que pessoas ligadas à administração supostamente intolerante de Donald Trump não eram bem-vindas. E assim os Estados Unidos são surpreendidos com notícias do que muitos consideram uma guerra racial não assumida.

Diante desse cenário, a luta da comunidade negra deixou de ser por reconhecimento à igualdade. A luta é para que tal reconhecimento seja testemunhado no dia a dia do país porque as boas intenções não bastam.

## OS HISPÂNICOS E O DIREITO DE SER AMERICANO

Se tem uma coisa que a comunidade negra consegue sem dificuldades é atrair atenção para a sua causa. A cada nova campanha, passeata ou protesto, centenas de câmeras apontam para a massa e a notícia está garantida no dia seguinte. A luta dos negros forma um eclipse sobre outra luta de uma minoria que cada vez menos será assim chamada, os hispânicos.

Apesar de serem em maior número que os negros, os hispânicos nunca contaram com a mesma exposição de sua causa, problema que Donald Trump resolveu assim que entrou na corrida presidencial. É verdade que americanos e hispânicos nunca se entenderam completamente, mas a conveniência sempre falou mais alto, e as adversidades eram domadas em nome dos interesses de ambos os lados. Hispânicos precisavam de trabalho, americanos precisavam de mão de obra e assim seguia a vida. Trump achou um viés expondo publicamente uma insatisfação silenciosa sobre a camada crescente de hispânicos. Em 1970, apenas 4,7% da população se identificava como hispânica. Hoje, são cerca de 16% deles por aqui, sendo que dois terços são cidadãos americanos. O desafio desse grupo não se resume aos olhares tortos que recebem, mas também engloba a falta de reconhecimento à própria nacionalidade.

No Brasil, um filho de imigrante nascido no país é brasileiro e ponto-final. O único carimbo que identifica suas raízes é o apelido, ainda que muitas vezes mal colocado. Todo mundo já teve o amigo "japonês" ou "alemão" na escola. Já nos Estados Unidos, o descendente de hispânicos será para sempre hispano-americano (ou simplesmente hispânico), assim como o descendente de asiáticos será para sempre asiático-americano (ou simplesmente asiático). Além da distinção física imediata, eles são rapidamente identificados em qualquer ficha de inscrição para um emprego. Os empregadores deixam claro que as origens não influenciam as escolhas, mas existe uma necessidade de se conhecer as raízes do candidato quando é solicitado que ele selecione sua etnia. A intenção é boa, as empresas procuram assegurar a diversidade no quadro de funcionários, mas a marca é indelével. Não vai ajudar ter nascido aqui, estudado em escolas locais, falar inglês sem qualquer sotaque ou possuir curso superior. Uma vez hispânico, sempre hispânico. Nem mesmo os porto-riquenhos escapam. Esses possuem cidadania americana desde 1917, quando os EUA buscavam reforço para lutar na Primeira Guerra Mundial. A solução mais fácil foi oferecer a cidadania em troca e 20 mil nativos da pequena ilha lutaram nos campos de batalha. Isso não foi suficiente para fugir do estigma de cidadão *pero no mucho*. O musical *West Side Story,* de 1961, retrata bem as aflições dos porto-riquenhos. Em uma de suas músicas mais conhecidas, "*America*", o coro feminino canta "*Life is all right in America*" (A vida é boa na América) e o coro masculino rebate "*If you're all white in America*" (se você é totalmente branco na América). Por branco, entenda-se americano "puro".

Os cubanos quase tiveram o mesmo privilégio dos porto-riquenhos de ganhar cidadania sem esforço. Por muito pouco, Cuba não foi comprada pelos EUA em meados do século XIX. A essa altura, Key West, cidade no extremo sul da Flórida e a apenas 145 km de Cuba, já era residência de uma grande colônia cubana. Pouco mais de 100 anos depois, a Revolução Cubana que empossou Fidel Castro foi o estopim de uma fuga em massa. A resistência dos Estados Unidos não era tão grande porque os cubanos fugiam de um governo cada vez mais entrosado com o regime comunista da antiga União Soviética. Receber exilados cubanos de braços abertos foi um importante movimento estratégico dos EUA na luta contra o regime de Cuba e, em última instância, contra a União Soviética em anos de Guerra Fria. O governo americano patrocinou os chamados *"Freedom Flights"* (Voos da Liberdade), um programa de 12 milhões de dólares que transportou 300 mil refugiados de Cuba para Miami entre 1965 e 1973.

Com o tempo, os *Freedom Flights* foram substituídos pelos *"White Flights"* (Voos Brancos). O termo se refere à fuga dos americanos brancos de uma determinada região por conta de um novo perfil de moradores. Aqueles que não aceitam a mistura de raças, etnias e nacionalidades procuram locais mais afastados, onde a integração ainda não aconteceu.

Mas nenhum outro país latino-americano tem uma história de imigração tão profunda e conturbada como aquele que tem o privilégio da fronteira, o México.

## OS MEXICANOS E A TERRA PERDIDA

Um em cada cinco emigrantes do mundo escolhe os EUA como destino, mas se você tiver que apostar de onde virá o próximo estrangeiro que você avistar aqui, não perca tempo e vá de México.

Cerca de 35 milhões de mexicanos-americanos moram nos Estados Unidos. Enquanto 65% já nasceram nos EUA, 35% atravessaram a fronteira. Destes, acredita-se que 18% estejam em situação irregular. A onipresença mexicana é patente. Los Angeles é a cidade que possui a segunda maior população mexicana do mundo, atrás apenas da Cidade do México. Os mexicanos também representam 38% da população do Texas, 30% do Arizona e 27% de Nevada.

A história da imigração mexicana se confunde com a formação da nação americana e muitas vezes sequer podemos chamar de imigração porque terras que hoje pertencem aos EUA já foram de domínio do México. É comum ouvir de um mexicano que não foi ele que atravessou a fronteira, mas a fronteira que o atravessou.

O Texas, por exemplo, pertencia ao México até 1836, quando um conflito explodiu. Os americanos que ali moravam declararam independência e fundaram a República do Texas, uma nação independente incrustada na tensa região da fronteira. Quase 10 anos depois, os EUA anexaram o Texas completando o primeiro grande movimento de "imigração estática". De uma única vez, 80 mil mexicanos cruzaram a fronteira sem dar um único passo. O presidente James Polk deu sequência ao seu projeto de expansão, mirando as terras do extremo oeste, e diplomaticamente negociou a anexação da área hoje formada pelos estados de Oregon e Washington, até então controlada pela Inglaterra. Já a Califórnia seria mais complicado. Em 1846, os habitantes da região declararam independência do México e fundaram a República da Califórnia, exatamente como o Texas havia feito – mas nem o México estava disposto a abrir mão daquelas terras nem os Estados Unidos eram simpáticos à autonomia. A guerra entre EUA e México pelo controle do território terminou dois anos depois, com vitória americana. De quebra, os Estados Unidos ainda tomaram do México o que hoje são os estados de Nevada e Utah e partes do Novo México, Colorado e Wyoming, cerca de 30% do tamanho total atual dos EUA.

Toda essa movimentação geográfica é a base do argumento dos mexicanos "moramos aqui porque daqui nunca saímos". Há regiões inteiras que lembram muito mais o México que os EUA. Em setembro de 2018, uma situação curiosa aconteceu em Hialeah, a cerca de 20 km de Miami. Uma americana foi fazer um pedido no *drive thru* de uma unidade da rede Taco Bell e encontrou uma atendente que não falava inglês. As perguntas em inglês da cliente eram respondidas em espanhol, e a confusão já estava criada quando alguém se dispôs a traduzir a conversa. Ao ser lembrada pela cliente que todos ali estavam nos Estados Unidos, a resposta da funcionária pode ter entrado para a história por expressar de maneira aberta e categórica aquilo que muitos desconfiam, mas não falam: "*Not anymore*" (Não mais).

Falando em comida mexicana, muitos garantem que o inevitável domínio dos imigrantes do país vizinho já começou por conta de um dado singular: a salsa desbancou o *ketchup* como condimento mais vendido no país.

## TENSÃO NA FRONTEIRA

Quatro estados fazem fronteira com o México: Texas, Novo México, Arizona e Califórnia. Há 71 postos de vigilância ao longo de 3.201 km, sendo 33 deles permanentes. Na verdade, esses postos não ficam exatamente na fronteira, mas até 160 km ao norte dela, em alguma estrada da região. A quantidade de imigrantes que entram no país por esses pontos de vigilância está caindo. Porém, o problema são aqueles que atravessam a fronteira longe da polícia e embarcam em uma aventura incerta por regiões inóspitas. Somente em maio de 2019, por exemplo, foram mais de 144 mil indocumentados detidos. O então comissário da maior agência de proteção de fronteiras dos Estados Unidos declarou que a situação era emergencial e que o sistema de segurança da região estava completamente quebrado. O alto número de óbitos está dando à luz uma crise humanitária de difícil solução; foram mais de 4 mil mortes desde 2014 entre aqueles que tentaram atravessar a fronteira ilegalmente, segundo a agência The Associated Press. O professor de sociologia Daniel E. Martinez garante que se esses corpos fossem encontrados após um terremoto ou *tsunami*, pessoas do mundo inteiro estariam falando sobre isso como um desastre de enormes proporções, mas parece que a grande frequência de mortes banalizou a gravidade da situação.

Quem mora perto da fronteira sabe que em algum momento vai se deparar com imigrantes indocumentados recém-chegados; só não sabe se vai encontrá-los vivos ou mortos. Nem o ex-governador do Texas escapou. Mark W. White Jr. encontrou uma caveira humana durante um passeio. Ele conta que, ao ligar para a polícia, a atendente disse que não seria possível buscar a caveira porque três corpos estavam sendo transportados naquele momento pela patrulha. A polícia também recebe ligações de imigrantes desesperados durante a travessia. Em geral, estão famintos, doentes e perto da morte. Atendentes do 911 procuram ajudar, mas pouco podem fazer porque normalmente o imigrante está perdido em uma região de difícil acesso. Muitos são encontrados apenas com a roupa do corpo, indicando nenhum preparo para a travessia.

O confronto entre grupos de apoio e oposição aos imigrantes é inevitável, e o destino dos recém-chegados vai depender do momento político e econômico do país. Cada ciclo determina se as famílias terão recebimento amigável para se estabelecerem no país ou não. Em momentos difíceis, os hispânicos reclamam que fazem o papel de bode expiatório.

Tudo de mau que acontece nos EUA – desde desemprego, consumo de drogas, doenças ou aumento de casos de estupro e homicídio – parece ser culpa deles. Do outro lado, americanos sustentam que os imigrantes indocumentados são resistentes a aprender a língua e incorporar os costumes locais, além de serem agraciados com dinheiro público proveniente de impostos que não pagam.

O porta-voz dos americanos insatisfeitos com os indocumentados finalmente apareceu em 2016. A ideia de construir um muro na fronteira entre EUA e México foi o pulo do gato da candidatura vitoriosa de Donald Trump. Com três semanas e meia de campanha e um apoio de apenas 6,5% dos membros do Partido Republicano, Trump encontrou-se com parentes de vítimas de crimes cometidos por imigrantes em situação ilegal. Nenhum outro candidato comprou essa briga, seria pedir demais para um político tradicional assumir uma posição radical sobre um tema tão delicado. Mas Donald Trump não era político, muito menos tradicional, e decidiu empunhar a bandeira anti-imigração ilegal. Em seu discurso inaugural como candidato oficial do Partido Republicano, Trump levou essas famílias ao palanque e prometeu um "grande e lindo muro" na fronteira e também ameaçou cortar fundos federais das Cidades-Santuário para que elas deixassem de proteger quem se encontrava em situação irregular.

O fenômeno Cidade-Santuário surgiu no início dos anos 1980, quando comunidades religiosas reiniciaram simbolicamente as práticas medievais da igreja de providenciar abrigo aos vulneráveis. Essa atitude foi adquirindo um caráter jurídico quando parte da polícia e do magistrado abraçou a ideia. A onda cresceu de tal maneira que várias cidades do país oficializaram a desobediência civil com essa abordagem humanista e assim ficaram conhecidas como Cidades-Santuário por oferecerem resistência à legislação federal que exige detenção de imigrantes indocumentados. Algumas delas são facilmente identificadas como São Francisco, Nova York, Boston e Chicago, mas outras menos conhecidas também participam do grupo como Aurora (Colorado) e Tuskegee (Alabama). Há casos em que o estado inteiro adota tal política como Vermont, Rhode Island e Connecticut.

Mas nada rendia mais manchetes que o muro, uma causa que permeou toda a campanha de Donald Trump. De uma hora para outra, todos tinham uma opinião sobre os hispânicos e o tal muro. A reação foi igualmente furiosa e não se limitou às fronteiras dos EUA e muito menos ao campo político. A banda U2, por exemplo, fez forte oposição ao candidato durante seus shows e até um improvável protesto de escoceses chamou a atenção durante o relançamento de um *resort* de golfe de propriedade de Trump em Ayrshire, sudoeste da Escócia. Nem o sangue escocês de sua mãe Mary Anne ajudou.

O que muita gente não sabe é que o tal muro já existe, ainda que parcialmente. Em vários pontos da fronteira, é possível ver alguma estrutura que ao menos lembra um muro. Essas barreiras começaram a ser erguidas em 1994, pelo governo Bill Clinton, com a intenção de conter não só o fluxo imigratório ilegal, mas também o tráfico de drogas. Os sucessores George H. W. Bush e Barack Obama deram sequência ao projeto, mas o Congresso tem recusado sistematicamente a ideia de finalizar o serviço por conta, principalmente, do altíssimo custo. Dos mais de 3.000 km da fronteira, 1.046 contam com algum tipo de barreira física em 2019. Trump não inventou a ideia do muro, apenas colocou na pauta da campanha de maneira substancial.

O detalhe é que a maior fonte de crescimento da comunidade hispânica atualmente não é a imigração, mas a natalidade *in loco* – e ela mesma também está em queda. Entre os jovens com menos de 18 anos, 93% deles já nasceram ao norte da fronteira. Dos que nasceram em outro país, muitos foram usados para aliviar a situação de pais indocumentados através de uma disposição legal chamada *Catch and Release* (Pega e Solta).

A legislação americana procura proteger os vulneráveis que correm extremo risco em seus países. Essas pessoas, quando em solo americano, devem ficar sob custódia da justiça até que o caso seja analisado. Sem estrutura para acomodar todos, os agentes da fronteira passaram a liberar as pessoas em situação ilegal e acompanhadas de crianças para evitar a separação das famílias, por isso a expressão *Catch and Release*. Essas famílias deveriam se apresentar posteriormente em uma repartição onde um juiz de imigração daria o veredito, mais muitas simplesmente ignoraram o protocolo e se estabeleceram nos EUA sem permissão. Isso passou a ser rotina, até que um belo dia, mais precisamente 6 de abril de 2018, ficou claro que as coisas iriam mudar.

## TOLERÂNCIA ZERO

Não foram poucas as vezes que Donald Trump causou espanto, mas quando o procurador-geral Jeff Sessions anunciou a política de tolerância zero com imigrantes, o queixo caiu. Seria o fim do *Catch and Release*, todos seriam detidos. A medida em si não era o problema. O que gerou discussões para lá de acaloradas foi a solução encontrada para as crianças; elas foram separadas de seus pais e mantidas em abrigos, muitas vezes improvisados e de localização desconhecida. Não havia contato entre pais e filhos.

Uma enorme camada de americanos começou a questionar seu próprio caráter, afinal – como a revista *Time* abordou em uma matéria sobre o assunto – uma das funções do presidente é dizer quem somos. "Que tipo de país é capaz de tal prática?", perguntava a publicação. O outro lado reagiu argumentando que quem colocava essas crianças em risco eram os próprios pais, as autoridades estavam apenas cumprindo a lei. Também afirmaram que, muitas vezes, não eram os pais que estavam com as crianças, mas acompanhantes pagos para trazê-las ao país. Finalmente, muitos lembraram que governos anteriores também aplicaram medidas rígidas contra indocumentados. De fato, a detenção, o monitoramento ou a deportação de indocumentados não eram novidade – e também houve casos de famílias separadas –, mas uma política ampla e aberta de crianças sob custódia do Estado e longe de suas famílias foi um adendo muito mal digerido. Em maio de 2017, eram 2.400 crianças nessa situação, de acordo com a apuração do jornal *The New York Times*; em setembro de 2018, o mesmo jornal noticiava a detenção de 12.800 crianças. Pouco tempo depois, duas crianças guatemaltecas morreram em custódia dos órgãos de imigração.

A reação continha uma ira que há muito tempo não se via em debates públicos. O líder evangélico Franklin Graham chamou a atitude de vergonhosa. A ex-primeira-dama Laura Bush escreveu um editorial deixando claro que a ofensiva era cruel e imoral. Até a primeira-dama Melania Trump, sempre distante dos debates políticos, emitiu um comunicado dizendo que o país também deve ser governado com o coração.

Diante de tanta pressão, Donald Trump voltou atrás e assinou uma medida para que pais e filhos fossem reunidos.

Infelizmente, o estrago já era grande demais para ser remendado com facilidade. Muitos pais já haviam sido deportados sem suas crianças, outros não foram reconhecidos pelos filhos durante o reencontro. Em muitos casos, os que se lembravam dos pais passaram a desprezá-los porque acharam que haviam sido abandonados. Meses após a medida da reunificação, várias famílias ainda permaneciam separadas, incluindo cerca de 100 casos de crianças com menos de 5 anos de idade. Muitos pais moravam em área de difícil acesso, sem telefone ou internet. Documentos importantes para a tarefa de reunificação foram perdidos ou destruídos, em uma situação reconhecidamente caótica. Até o Vaticano, sempre cuidadoso em suas opiniões, resolveu agir. O papa Francisco anunciou uma doação de 500 mil dólares para projetos baseados no México que auxiliam emigrantes barrados na fronteira.

A reação dentro do Partido Republicano passou longe da unanimidade. Uma ala avaliou a política de tolerância zero como um desastre, outra ala comemorou e exigiu um trabalho agressivo em Washington para que outras brechas como o *Catch and Release* acabassem. Enquanto a política de detenção dos governos George W. Bush e Barack Obama focou em novos imigrantes indocumentados, o governo Trump assumiu um papel mais amplo ao focar também na detenção e posterior deportação das estimadas 11 milhões de pessoas em situação ilegal que há tempos moram no país. Thomas Homan, diretor do Immigration and Customs Enforcement (ICE, a agência responsável pelas detenções), avisou: "Se você está em situação ilegal no país, nós estamos atrás de você".

Com o cerco apertando, é relativamente fácil notar a angústia no rosto da camada indocumentada. No meu caso, isso pode acontecer em um simples passeio com o meu cachorro. Muitas vezes, a pessoa que iria cruzar comigo na calçada desvia o curso para a rua como que não querendo atrapalhar a minha andada. Não há "bom dia" nem sorriso no rosto, mas uma eterna sensação de perseguição. Para trabalhar, eles esperam os empregadores em lugares estratégicos com rotas de fuga como postos de gasolina. Em geral, são convocados para serviços de construção civil e recebem o pagamento em dinheiro vivo por não terem conta em banco. Na praça ao lado da minha casa, vejo frequentemente outros hispânicos jogando futebol, sinal claro de que não correm o risco da deportação. O mundo dessa comunidade é claramente dividido entre os que possuem a legalidade e os que convivem com a possibilidade iminente de deportação. Uma coisa parece clara: legalizados ou não, os imigrantes não olham para trás. Todos buscam rapidamente uma condição de suposta estabilidade, como casa própria e filhos nascidos em solo americano. Esses filhos crescem falando inglês nas escolas, cantam o hino e aprendem a amar a terra onde nasceram. Apesar de continuarem confinados nos guetos hispânicos e não serem vistos como americanos, assim fazem questão de se considerarem.

## OS ESTADOS UNIDOS SEM IMIGRANTES

O discurso patriótico de endurecer o jogo contra imigrantes pode soar bem, mas o colunista Eduardo Porter alerta que, sem os hispânicos, a engrenagem de vários setores cruciais dos Estados Unidos vai engripar e desagradar até o mais patriota dos americanos. O trabalho minimamente pago dos estrangeiros nos permite obter muitos produtos e serviços a preços competitivos. Quem quer abrir mão do suco de laranja natural na mesa do café da manhã? Ninguém, mas esse suco chega às custas do trabalho mal pago dos hispânicos nos laranjais da Flórida. Quem quer deixar de comer em um restaurante badalado de uma metrópole? Pois é a mão de obra hispânica que permite a incrível quantidade e variedade de restaurantes em Boston, Nova York, Chicago ou Los Angeles. Um agricultor deu seu veredito sobre o tema: "Não quer imigrantes? É melhor se acostumar a não comer". Nada menos que 70% da mão de obra rural é composta por hispânicos que trabalham, em média, 14 horas por dia e 6 dias por semana em troca de uma baixa remuneração.

Empresas se assustam com um cenário cada vez mais real: a falta de gente para ocupar vagas que não são tão atraentes. De acordo com o *The New York Times*, 8 de cada 15 ocupações em 2024 não vão exigir especialização. Aí começa o problema com a possível falta de imigrantes. Quem vai abater os porcos nas fazendas? Quem vai cuidar da população idosa cada vez maior? Quem vai lavar os carros? Quem vai entregar as pizzas? O ex-senador Jeff Flake argumentou, em um editorial do *The New York Times* de agosto de 2017, que trabalhar duro em ambientes mal pagos é uma grande qualificação, e os imigrantes – em especial os hispânicos – possuem melhor que ninguém essa qualificação.

Muitos defensores da imigração usam um relatório da National Academies of Sciences, Engineering and Medicine para provar a importância dos imigrantes para a economia americana muito além da mão de obra barata. De acordo com o documento, a primeira geração das famílias – aquela que chega ao país – custa caro para o poder público, mas a segunda geração – aquela já nascida aqui – devolve com juros. Esse grupo é o maior contribuinte fiscal em nível federal, ou seja, paga mais impostos que os não hispânicos. Os negócios não ficam de fora, cerca de 17% dos empreendedores dos

EUA são hispânicos, devem ser 29% em 2050. Grandes marcas com faturamento superior a 1 bilhão de dólares anuais foram fundadas por hispânicos, como Brightstar, MasTec, Molina Healthcare, Greenway Ford e Related Group.

Assim, deportar imigrantes é um péssimo negócio segundo a oposição do governo Trump, mas seus apoiadores não cansam de lembrar que o governo Obama – tão lembrado pela sua "humanidade" – deportou mais imigrantes indocumentados que qualquer outro presidente da história. Para ser mais preciso, foram exatamente 2.749.706 pessoas deportadas.

Não há solução fácil para a questão da imigração e não há ação que agrade a todos. O país que um dia foi chamado de "Nação de Imigrantes" está em crise com sua própria sina. A divisão é clara, mas a capacidade de superação é visível. Como imigrante, posso dizer que, independentemente do momento político, os Estados Unidos continuam sendo a terra que nos acolhe de braços abertos. O espírito americano que empurrou a nação para a liderança mundial também é capaz de aceitar o diferente. Se erros acontecem, é porque a perfeição não existe e não há nada melhor do que ser um agente colaborador do esforço em melhorar.

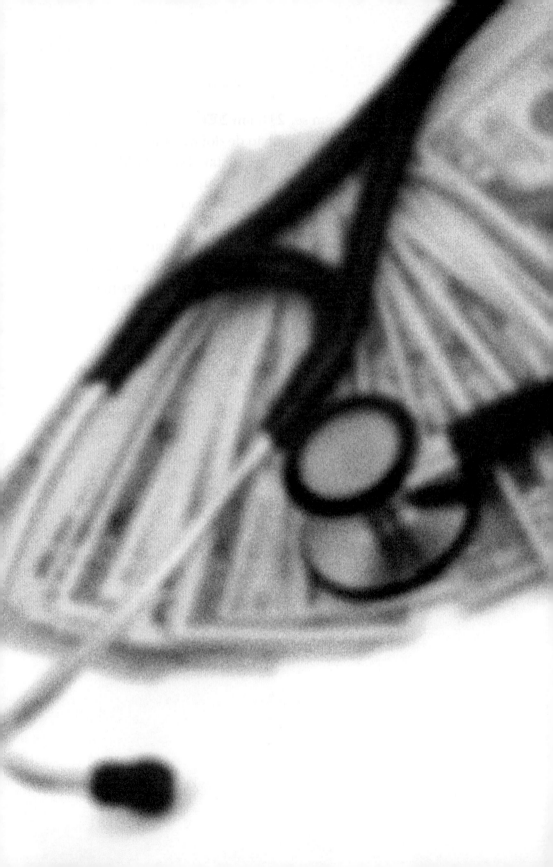

SAÚDE
# O ETERNO DESAFIO

Se tem um problema que ganha de longe no *ranking* dos maiores desafios dos EUA, o meu vencedor é a saúde, uma fonte de preocupação eterna. Para resumir a causa em uma única palavra, basta escrever "dinheiro". Seja qual for a sua doença, a conta de um tratamento médico nos Estados Unidos provavelmente trará um valor com o qual você jamais irá se conformar.

*Estados Unidos na prática*

Nem pense em morar ou mesmo passar algum tempo aqui sem um seguro de saúde, mas tê-lo não é garantia de tranquilidade. Há boas opções? Sim. Pagam as contas? Às vezes. Resolvem o problema? Não. Se no Brasil o seguro morreu de velho, nos Estados Unidos o seguro morreu de susto. Saúde é negócio, e os EUA a transformaram em um produto tão valioso que não é raro o cidadão ser obrigado a optar entre sua integridade física e seu patrimônio. Obviamente, o seguro ajuda muito, mas em um estalo é possível se sentir no filme *Erin Brockovich – uma mulher de talento*, de Steven Soderbergh. Brockovich (Julia Roberts) trabalha em um escritório de advocacia e assume a responsabilidade de investigar um caso de contaminação na rede de abastecimento de água em Hinkley (Califórnia). Durante o julgamento do caso, um alto executivo de uma seguradora é questionado sobre a estratégia da empresa ao receber pedidos de cobertura para o tratamento dos segurados. Com um semblante levemente constrangido, a resposta do executivo é "recusar todos". Considerando que o filme foi inspirado em fatos reais, não é de se duvidar que essa estratégia continue na ativa.

Se alguém tiver paciência para ler as centenas de páginas que descrevem as regras de qualquer seguro de saúde americano, vai perceber que a condição para se ter um procedimento totalmente coberto pode ser difícil, cara, demorada e provisória. Se a pessoa é daquelas que não lê regras e só corre atrás da informação quando acontece o problema, é bom ela começar a rezar. Entender o contrato de um seguro de saúde é tarefa árdua, mas aqui vai um resumo para você ter uma pequena ideia do drama.

O *premium* (prêmio) é o valor que você paga para ter direito à cobertura para tratamentos de saúde. Até aqui está fácil, agora começa a complicar.

O *deductible* (dedutível) é um valor, em geral anual, de sua responsabilidade. Somente a partir desse valor a seguradora vai dividir as contas com você, exatamente como acontece com a franquia do seguro do seu carro. Por exemplo, se o valor do dedutível for de 1.300 dólares (valor comum entre os BONS seguros), todos os seus gastos no ano até esse valor serão de sua responsabilidade. O seguro entra em cena a partir do momento em que seus gastos atingem os 1.300 dólares. Porém, também como o seguro do seu carro, a cada virada de ano seus gastos são zerados e você terá que chegar novamente ao valor do dedutível para que o seguro comece a arcar com os gastos no novo ciclo.

O *coinsurance* (coparticipação) é uma porcentagem fixa dos tratamentos disponíveis que também deverá ser paga pelo segurado mesmo que ele já tenha atingido o valor do dedutível. As seguradoras possuem tabelas – nem sempre de fácil consulta – especificando a divisão de responsabilidades. Uma tomografia, por exemplo, pode exigir uma coparticipação do segurado de 40%.

O *copay* (copagamento) é um valor fixo que também deve ser pago pelo segurado por determinado serviço médico. A diferença da coparticipação é que, nesse caso, não é expresso em porcentagem. Uma sessão de fisioterapia, por exemplo, pode requerer um copagamento de 70 dólares.

Esse conjunto de despesas é chamado de *"out-of-pocket"* (direto do bolso – e você já deve saber do bolso de quem estamos falando). Você pode adquirir o melhor seguro deste país e, ainda assim, será agraciado com um pacote *out-of-pocket* que ocupa várias páginas do contrato.

Aqui vai um caso real de uma colonoscopia realizada, em setembro de 2016, pelo brasileiro Roberto Vieira. Esse procedimento não é exatamente simples, mas também não é considerado complexo. O hospital conveniado está na cidade de New Rochelle, estado de Nova York, um hospital muito bom, mas sem a grife e o luxo que nos dá a sensação (muitas vezes injustificada) de segurança. A equipe era formada por um gastroenterologista da rede conveniada com 10 anos de profissão, um anestesista e dois enfermeiros. O tempo total do procedimento foi de 5 horas, sem qualquer imprevisto.

Antes de dar entrada no hospital, Roberto já tinha entendido um dos grandes problemas do sistema de saúde americano, a enorme dificuldade em saber de antemão o custo de qualquer procedimento. Não há qualquer interesse dos envolvidos em divulgar valores, eles devem ficar entre os provedores e a seguradora do paciente. Muitas vezes, nem os médicos sabem informar. Por isso, cada vez que alguém passa por algum procedimento médico, o período de recuperação vem acompanhado de muita ansiedade até o dia em que a conta chega. E a conta do brasileiro chegou em um singelo envelope com o valor de 8.434,56 dólares. Sem dúvida uma grande pedrada, mas nosso amigo possui um seguro de seu empregador considerado muito bom. O valor coberto pelo seguro já está discriminado na conta: 6.951,12 dólares, 82% do valor total. Excelente! O brasileiro respirou aliviado e abriu uma cerveja para comemorar a conta de "apenas" 1.483,44 dólares. O pequeno detalhe é que Roberto não sabia que nessa conta não estava incluído o valor a ser pago para o anestesista, que a seguradora não cobriria porque o profissional não fazia parte da rede conveniada. Perguntar não ofende, como o Roberto poderia saber disso? Ele chegou ao hospital, a equipe se aprontou, fez o procedimento e fim. Ninguém avisou sobre esse detalhe. E se tivessem avisado, o que fazer? Dispensar o anestesista? No caso de uma colonoscopia, não acho uma boa ideia. O presente chegaria em um outro envelope singelo alguns dias depois. O valor? 2 mil dólares. A responsabilidade do paciente pulou para 3.483,44 dólares. Dessa vez não teve cerveja e Roberto considerou uma situação ainda mais dramática: se o anestesista não era conveniado, quem garante que os enfermeiros eram? O pânico tomou conta do brasileiro nos dias seguintes com a possibilidade de receber mais cobranças, mas felizmente isso não aconteceu.

O valor de 3.483,44 dólares não é aterrorizante, mas você deve se lembrar que o paciente possui um seguro de saúde muito bem avaliado. Isso quer dizer que ele não é regra no meio de milhões de americanos com seguros deficientes ou sem seguro algum.

Americanos não segurados correspondem a cerca de 8,8% da população, ou 28,5 milhões de pessoas, segundo dados de 2017 do U.S. Census Bureau. Dentre os segurados, cerca de 31 milhões de pessoas, ou 9,6%, são os chamados *underinsured*, ou seja, aqueles que possuem um seguro de saúde com cobertura insuficiente e que poucas vezes passam por procedimentos mais complexos por conta do alto custo das despesas *out-of-pocket*. Estamos falando de quase 60 milhões de pessoas sem seguro saúde ou segurados de maneira parcial. Por outro lado, cerca de 263 milhões de americanos possuem um seguro considerado de qualidade regular ou acima. Vamos ser otimistas e estimar que 50% deles, 131,5 milhões de pessoas, contem com planos similares ao do nosso amigo Roberto. Fazendo uma conta rápida, 40% da população receberia uma conta de até 3.483,44 dólares por uma colonoscopia, todas as outras teriam que arcar com aqueles 8,4 mil dólares, em maior parte ou integralmente. Se 63% dizem não ter sequer 500 dólares para pagar um procedimento médico, qual seria a solução?

Segundo especialistas, a melhor saída é procurar um hospital público. Segundo os usuários, não é tão fácil. Em primeiro lugar, um prestador de serviço americano que possui a palavra "público" no nome – ao contrário do Brasil – não necessariamente significa gratuito. São mais baratos, mas dificilmente gratuitos. O segundo problema é que são poucos, cerca de 2% dos hospitais do país. Além disso, a burocracia, no melhor estilo brasileiro, toma conta deles. Muitos profissionais juram de pés juntos que passam 30 minutos preenchendo formulários e 2 minutos cuidando de pacientes. Poucos médicos conseguem atender aqueles que não estão em seriíssimo risco de morte. Os casos menos graves simplesmente não têm previsão de tempo de espera. Você já viu esse filme, não é?

Diante desse quadro, é preciso muita pesquisa para evitar uma situação irremediável. Se alguém usar o Google para buscar soluções, provavelmente vai encontrar o termo "*medical tourism*" (turismo médico). Cada vez mais americanos estão saindo do país para tratar de seus problemas de saúde. O cineasta Morgan Spurlock resolveu investigar.

## VOU PARA A TAILÂNDIA

Morgan Spurlock ficou famoso em 2004 quando teve a ideia de comer exclusivamente no McDonald's por um mês. O resultado está no documentário *Super Size Me*, que arrecadou 11 milhões de dólares. Spurlock engordou 11 quilos e teve sérios problemas de saúde durante o experimento. Quase 20 anos depois, o cineasta voltou a falar do tema na série *The Inside Man* e descobriu uma onda de americanos buscando tratamento médico no exterior. O país escolhido por ele para entender esse movimento foi a Tailândia.

Ao chegar ao hospital Bumrungrad, em Bangkok, Spurlock coincidentemente também fez uma colonoscopia,

*Saúde • O eterno desafio*

como nosso amigo Roberto Vieira. A primeira grande diferença estava na técnica usada em cada um dos casos. Roberto havia feito aquele procedimento em que se introduz um colonoscópio pelo ânus com uma microcâmera na extremidade. Já o americano estava na vanguarda do exame e teve apenas que ingerir uma cápsula contendo duas microcâmeras. (Sim, duas! Cada uma apontada para uma extremidade.) Nada de anestesia ou equipe médica, apenas a cápsula e um copo de água. Aproveitando a viagem, Morgan Spurlock fez ainda uma radiografia do ombro, exame de sangue completo, exame médico anual, radiografia do tórax, ultrassom abdominal, exame de vista e se consultou com quatro especialistas para um *check-up*. O preço total da aventura, incluindo exames, consultas, diárias de hospedagem e passagem aérea foi 4.300 dólares. Você lembra o valor da conta do Roberto? Era de 8.434,56 dólares. Resumo da ópera, os não segurados economizariam quase 50% na colonoscopia se seguissem os passos de Spurlock e ainda ganhariam vários exames de brinde.

O sistema tailandês ainda oferece a simplicidade e praticidade de quem não precisa do plano de saúde como intermediário. Os preços estão disponíveis no site do hospital, não há qualquer surpresa e o pagamento é feito ao final de todo o tratamento no caixa próximo à saída. Nada de cartinha, boleto, ligações para o hospital, pagamento no banco etc. O americano ficou surpreso com tanta eficiência, e o brasileiro aqui ficou surpreso ao ver um americano surpreso com a eficiência alheia.

Para provar que a ideia do turismo médico virou negócio grande, os números indicam 2 milhões de "turistas" ao ano somente na Tailândia. Muitos outros países atraem os americanos, como Costa Rica, Taiwan, Turquia, Malásia, Singapura, Índia, África do Sul e... Brasil. Sim, também tiramos uma casquinha da tendência, e estima-se que o país receba 180 mil turistas visando à tratamento médico, sendo a cirurgia plástica a especialidade mais procurada por oferecer um custo 60% menor comparado com o dos EUA.

Talvez você pense que isso é tática de países do Terceiro Mundo para atrair os dólares. Pode ser, mas uma série de reportagens da jornalista Elisabeth Rosenthal, para o jornal *The New York Times*, mostra uma realidade desconcertante ao comparar os custos de tratamentos nos Estados Unidos e de outros países desenvolvidos. A conclusão da série jornalística é a mesma dos anuários da Federação Internacional de Planos de Saúde, entidade que publica o preço pago por serviços de saúde e medicamentos: os americanos pagam os custos mais altos entre as nações desenvolvidas. Com essa comparação em mãos, o gastroenterologista italiano Cesare Hassan dá o desagradável diagnóstico:

## "VOCÊS PAGAM MUITO POR POUCO"

Cesare Hassan sabe o que diz, os custos de saúde nos EUA dificilmente são páreo para o primeiro mundo. Voltando à comparação de uma colonoscopia, na Alemanha você pagaria cerca de 500 dólares. Ressonância magnética por aqui gravita em torno de 1.000 dólares, ao passo que no Japão custa cerca de 200. Cirurgia do quadril nos EUA chega a 78 mil dólares, na Bélgica não sai por mais de 14 mil. O angiograma americano de 914 dólares custa 35 no Canadá.

Parto é um caso especial. O custo aqui varia entre 30 mil dólares para o normal a 50 mil para uma cesariana. Obviamente, as seguradoras pagam aos hospitais bem menos pelo enorme poder de barganha. A conta final para os abençoados com um bom seguro chega com um valor médio de 3.400 dólares, segundo dados de 2013. Não tem seguro? Vamos conversar no escritório (e prepare o bolso). Já em países como Suíça, Holanda ou França, o custo de um parto não passa de 4 mil dólares, mas o detalhe é que papais e mamães não pagam um centavo desse valor, que é inteiramente coberto por subsídios públicos. Como se não bastasse lidar com essa dura realidade, os americanos mais bem-informados lamentam porque sabem que nem sempre foi assim. É fácil ouvir alguém comentando que, 20 anos atrás, o custo de um parto nos EUA não passava de uma pequena taxa que orbitava em torno de 250 dólares, cerca de 385 dólares atualmente. Se os avós entrarem na conversa, a conta aumenta, mas continua irrisória para os padrões atuais. Um americano de Los Angeles guardou os recibos do parto de seu filho em 25 de agosto de 1962. O valor? 60 dólares, cerca de 510 dólares nos dias de hoje. No próximo tópico, veremos como isso aconteceu.

Enquanto na Europa os hospitais cobram o "pacote" da gravidez, nos Estados Unidos, todo e qualquer procedimento ou material utilizado é cobrado individualmente. Um simples desinfetante estará discriminado no recibo separadamente com um valor muito acima da média de mercado. Seria como você ter uma aula de tênis e, após a instrução, ser também cobrado pelo uso da bolinha, da quadra, da rede, do guarda-sol e da água do bebedouro. E por mais que os equipamentos hospitalares sejam mais portáteis e acessíveis que seus antecessores, prevalece o custo exageradamente inflacionado. "Uma das características do sistema de saúde americano é que ele desafia as leis da economia. Uma vez que o preço é alto, sempre será alto ainda que os equipamentos sejam cada vez mais acessíveis", explica o dr. Naoki Ikegami, especialista no assunto.

As seguradoras, por sua vez, se recusam a cobrir qualquer material ou procedimento que não seja considerado extremamente necessário. Os partos são a categoria individual de maiores despesas, por isso nenhum item é ignorado. Uma simples injeção aplicada a 25 dólares e não coberta causa indignação dos segurados, mas providencia uma economia bem-vinda às seguradoras diante do enorme volume. Após a chegada do bebê, enquanto as mães francesas ficam uma semana no hospital aprendendo as novas demandas da maternidade, as americanas ficam normalmente dois dias após o parto normal e quatro dias após uma cesariana. Pudera, a diária média de um hospital americano custa 4.300 dólares segundo dados de 2013, mas não duvide que possa chegar a 12.500.

O alto custo de vida das grandes cidades obriga casais a adiarem a gravidez até a estabilidade financeira permitir a aventura. Com a idade média dos pais cada vez mais alta, o risco e a maior necessidade de intervenções e exames durante o pré-natal encarece ainda mais o que já é caro. Paralelamente, esse detalhe contribui para o aumento crescente de uma prática que conhecemos muito bem.

Todos sabem que o Brasil é recordista em cesarianas, e muitos brasileiros elogiam o sistema americano que encoraja o parto normal. Bem, parece que as coisas estão mudando e nós, novamente, somos o mau exemplo. As cesarianas respondiam por 5% dos partos americanos em 1970, 20% em 1996 e atualmente a taxa está em 32%. Não é um absurdo, principalmente quando comparado com os insanos 53,7% do Brasil, mas está bem acima de países como Finlândia (16%), Holanda (17%) ou França (21%). O motivo da crescente tendência, segundo especialistas, é a chamada medicina defensiva, que procura evitar a escalada da já enorme quantidade de processos judiciais gerados por erro médico (ou aquilo que possa ser considerado como tal). No caso de uma cesariana malsucedida, o médico pode se defender dizendo que foi feito de tudo para salvar a vida da mãe ou do bebê, ao passo que, em um parto normal que culminou em tragédia, a acusação pode argumentar que não foi feita uma cesariana para tentar evitar o pior.

Assim mesmo, com 68% de partos normais, os futuros papais americanos podem ficar tranquilos porque as chances da mãe natureza decidir o melhor momento do nascimento da criança são grandes, certo? Hum, nem tanto. Cerca de 23% dos partos nos EUA são induzidos, em comparação a 11% em 1990. A técnica da indução acelera as contrações e, consequentemente, a dilatação do cérvix. Assim como a cesariana, todos concordam que há casos em que a indução é necessária, mas a banalização do método preocupa os defensores do parto tradicional. Quando feita antes de 39 semanas de gestação, uma indução pode trazer implicações que variam de hipoglicemia e doenças respiratórias até dificuldade de aprendizado e problemas neurológicos. Segundo a pesquisa "Listening to Mothers" (Escutando as Mães), 41% das mães americanas receberam propostas de indução em algum momento do trabalho de parto. A reação não demorou, e um novo nicho apareceu com serviços que prometem um parto à moda antiga em ambiente caseiro e parteira. Cerca de 1,5% dos partos atuais acontecem fora dos hospitais, e quem joga nesse time não poderia pedir por uma garota-propaganda melhor que Gisele Bündchen. Os dois filhos da brasileira nasceram em sua casa, mas é bom lembrar que seu médico sugeriu uma cesariana durante a gravidez de seu primeiro filho.

Americanas que tiveram a chance de dar à luz no exterior não poupam elogios ao narrar a experiência. Quando o assunto é dinheiro, a comparação é cruel. No Japão e na Alemanha, o custo foi zero; no Canadá, o parto custou 32 dólares canadenses apenas porque o casal pediu uma TV no quarto; na Finlândia, foi cobrado somente um ultrassom feito com menos de 12 semanas de gravidez e a Escócia fugiu da trajetória ao cobrar o equivalente a 2 mil dólares, mas unicamente porque o casal optou por um pacote pré-natal que dava direito a inúmeros privilégios que os locais dificilmente adquirem.

Como pai de uma criança americana e usuário do sistema de saúde dos EUA, posso garantir que não é difícil encontrar profissionais capacitados, hospitais de primeira linha e tratamentos eficientes, mas o país ainda busca vencer o desafio de democratizar essa estrutura sem desagradar os defensores de um mercado livre. Considerando o histórico recente, ainda há muito trabalho pela frente.

## GOVERNO TÍMIDO

O período após o fim da Segunda Guerra Mundial é considerado o marco zero dos investimentos maciços em saúde por parte dos governos do Primeiro Mundo ocidental. Como regra, a gerência pública do sistema proporcionou acesso a todos. Os Estados Unidos resolveram seguir outro caminho. Não que o presidente Harry Truman não tenha tentado, mas a proposta não vingou.

Se você digitar no Google as palavras "quadro *The Doctor*", você vai ver um lindo óleo sobre tela de 1891, pintado pelo artista inglês Samuel Luke Fields e atualmente exposto na Tate, em Londres. Os americanos que viveram nos anos 1940 também tiveram a chance de apreciar reproduções dessa obra de Fields, embora o Google não fizesse parte nem mesmo dos mais arrojados livros de ficção científica da época. O quadro foi utilizado para uma campanha de oposição feroz da Associação Médica Americana (AMA) ao projeto de lei do presidente Truman que previa um seguro social compulsório a todos os americanos para garantir cobertura médica universal. A legenda abaixo da reprodução dizia "Mantenha a política fora deste quadro". A imagem de um senhor acompanhando os primeiros sinais de recuperação de uma criança doente ao raiar do dia representava a figura do médico de família que providenciava um atendimento individualizado na casa do paciente, o modo de tratamento de saúde mais comum na época. A AMA não poupou críticas ao plano de Truman, usando o discurso de "socialização da saúde". O presidente retrucou dizendo que socializar a saúde significa ter a classe médica subordinada ao governo, o que passava muito longe do projeto. Prevaleceu a força do *lobby* da AMA, e o caminho para resolver as crescentes demandas por serviços médicos mais eficientes deveria passar longe da interferência do governo.

A solução que vingou foi o seguro-saúde corporativo patrocinado pelas empresas. O governo fez a sua parte, isentando de impostos tais investimentos. O sistema funcionou muito bem por um bom tempo. Em 1941, apenas 12,4% da população contava com seguro-saúde; em 1950 a taxa saltou para 50%, e, em 1961, para 75%. Pacotes mais generosos incluíam cobertura médica também durante a aposentadoria. A engrenagem começou a engripar nos anos 1980, quando as empresas enfrentaram dificuldades com a recessão que tomou conta do país. Lentamente, o mundo corporativo decidiu que não mais carregaria nas costas o grande fardo de cuidar dos americanos doentes.

Hoje, não ter um bom cargo e/ou não trabalhar em uma grande empresa pode proporcionar a grande desventura de tocar a vida sem seguro. Há uma enorme crença de que apenas os desempregados não possuem seguro, mas cerca de 16 milhões de pessoas produtivas estão desprotegidas. A participação do poder público segue aquele padrão do governo pequeno, que prefere ver o mercado se regulando e tem se limitado a alguns programas que, embora estejam na ativa por décadas, provaram-se insuficiente. As duas principais iniciativas são o *Medicaid* e o *Madicare*.

O *Medicaid* foi criado em 1965 para proporcionar acesso à saúde a famílias de baixa renda que não contavam com o seguro corporativo e/ou estavam em uma situação especial (desempregados, grávidas, mães solteiras etc.). Como o programa prevê um financiamento dividido entre governo federal e cada um dos estados, o alcance e sucesso dele sempre variaram entre as regiões. Após a virada do milênio, a economia cambaleante obrigou o governo a enxugar o orçamento. São 70 milhões de beneficiários, muitos com cobertura insuficiente.

Já o *Medicare*, também criado em 1965, é voltado para a terceira idade (algumas condições fora dessa faixa etária também são aceitas) e é financiado exclusivamente pelo governo federal. O envelhecimento crescente da população colocou em xeque as boas intenções de seus criadores. O setor privado, um aliado importante para o sucesso do plano, foi pulando fora do barco gradualmente. Em 1988, mais de dois terços dos grandes empregadores ofereciam cobertura médica complementar para a aposentadoria; em 2004 a proporção caiu para um terço. Hoje, o programa é criticado por exigir que o próprio paciente arque com boa parte das contas médicas. No caso de medicamentos e cuidados profissionais domésticos, a participação do governo pode ser nula.

Muitos acreditam que o colapso dos programas está próximo. O *Medicare* opera no vermelho há mais de uma década, e o envelhecimento da população é apontado como o causador de uma provável quebra do sistema até 2030. O *Medicaid* assumiu a tarefa gigantesca de segurar famílias de baixa renda sem o apoio da iniciativa privada, e até seus defensores concordam que um novo pacote de medidas será necessário em alguns anos para evitar a explosão do déficit público.

Milhões da classe média produtiva se veem entre a cruz e a espada. Não estão dentro da faixa etária do *Medicare* nem dentro da faixa de renda do *Madicaid*. Com empresas encolhendo seus benefícios e a crescente quantidade de terceirizados e autônomos, essa enorme massa faz parte do time dos que precisam se virar sozinhos. A solução é tentar buscar cobertura no mercado de seguros individuais, missão árdua. O problema não é só o alto preço das apólices, mas a baixíssima taxa de aceitação das seguradoras para esse público. Surpreende o dado que revela 5 milhões de americanos com boa renda e sem seguro. Passar pelo crivo dos questionários é tarefa para super-heróis. Se a questão envolve alguma condição pré-existente, senta e chora.

De cada cinco americanos, dois possuem um histórico que pode comprometer a possibilidade de ser aceito pelas seguradoras. Isso não é nada bom. Veja o caso de uma empreendedora da Flórida, cujo maior crime é ter diabetes. Dentre as poucas seguradoras que aceitaram seu pedido de cobertura, a melhor opção era de uma apólice com custo mensal de 700 dólares e dedutível de 3 mil dólares. Também havia carência de 2 anos para qualquer problema relacionado à diabetes. Resultado, nossa amiga diabética gastaria cerca de 17 mil dólares em 2 anos de cobertura que não incluiria a causa principal de sua necessidade de seguro. Após esse período, ela continuaria pagando a mensalidade por uma cobertura que ainda a obrigaria a pagar os 3 mil dólares de dedutíveis a cada ano, sem levar em consideração a coparticipação em consultas médicas, exames ou internações. O surpreendente fim da história é uma pessoa de meia-idade e bem-sucedida que não tem seguro-saúde no país mais rico do mundo.

## OBAMACARE

Além de Harry Truman, alguns outros presidentes tentaram proporcionar acesso universal à saúde. Richard Nixon tinha um trauma pessoal. Dois de seus quatro irmãos haviam morrido jovens em uma época que sua família não dispunha de recursos para tratamentos pagos. Durante a discussão de seu plano, o escândalo Watergate entrou em erupção, e Nixon não só perdeu a chance de emplacar a proposta como também o cargo de presidente. Bill Clinton foi outro que tentou. A saúde era um dos grandes temas de sua campanha, mas sua ideia não convenceu o Congresso. A façanha estava reservada para Barack Obama.

O *Affordable Care Act* (ACA) é um caso típico de como um projeto de lei pode virar os Estados Unidos de cabeça para baixo. Poucas vezes uma proposta motivou tanta discussão acalorada entre a classe política e a população. Obama enfrentou oposição feroz dos republicanos e também em seu próprio partido. Não foram poucos os que o acusaram de socialista, e um grito ecoou pelo país, *"kill the bill"* (mate a proposta, algo comum quando eleitores exigem que seus representantes não aprovem um projeto de lei). Opositores acusaram Obama de ditador ao suprimir a liberdade de escolha, já que o ACA previa que todos seriam obrigados a ter um plano de saúde ou deveriam pagar uma multa.

Após uma incrível sequência de reviravoltas, o ACA foi finalmente aprovado pelo congresso e assinado pelo presidente em março de 2010, estendendo o acesso à saúde a 23 milhões de pessoas. É importante frisar que o chamado *"Obamacare"* não é um programa de acesso gratuito à saúde, ele cria mecanismos que amplia a aceitação de não segurados e barateia o custo de seguros de saúde com subsídios parciais dos governos federal e estaduais. Grande parte da população gostou da novidade e permitiu a reeleição do presidente em 2012, mas a oposição não se deu por vencida e uma chuva de críticas não deixou dúvidas que o grande legado de Barack Obama não era unanimidade. Para muitos, a extensão não chegou como deveria porque muitas seguradoras não enxergaram vantagens no programa e decidiram não aderir. Além disso, nem todos os estados firmaram parceria com o governo federal em toda sua extensão, e isso comprometeu a elegibilidade de milhões de pessoas. Parte da classe médica não gostou dos baixos pagamentos que seriam obrigados a aceitar e também não embarcou. Vários hospitais pularam fora enquanto outros encerraram as atividades porque eram incapazes de manter suas estruturas com pagamentos insuficientes. Mais ainda, desde 2008 o custo de um seguro subiu 55% e os dedutíveis triplicaram, colocando em xeque o real poder do ACA para regular o mercado.

O candidato Donald Trump prometeu atacar o *Obamacare*; o presidente Donald Trump cumpriu a promessa. Mal havia esquentado a cadeira e já formou um time para negociar no Congresso um substituto para o setor da saúde. Políticos já não gostam de dar continuidade a programas de governo de adversários, o que dizer quando o programa tem o nome do oponente? Um novo plano foi elaborado a portas fechadas, e o senador John McCain acabou virando o protagonista do drama. Os republicanos precisavam de 50 votos para aprovar a nova lei, mas apenas 49 estavam garantidos. John McCain, diagnosticado com um tumor cerebral, havia passado por uma cirurgia para remover um coágulo de sangue, e os republicanos adiaram a votação apenas para que McCain pudesse se recuperar e votar. A primeira parte do plano deu certo, McCain chegou ao Congresso no dia da votação e todos acompanharam atentamente seu voto decisivo cercado de mistério. Parecia final de Copa do Mundo com uma pequena multidão do lado de fora acompanhando pelos monitores. Em uma cena de suspense digna de filme, McCain anda até o centro do Senado, fala algumas palavras e faz um sinal negativo com a mão direita, a cerca de três metros de Mitch McConnell, relator da proposta, que acompanhava tudo de braços cruzados e semblante nada amigável. Placar final, 51 x 49 contra a mudança, e uma grande ironia do destino que reservou o voto de minerva para o adversário de Barack Obama nas eleições presidenciais de 2008. Essa foi a despedida de McCain, que morreu pouco depois. A diferença apertada atesta o complicado dilema entre tentar mudar para melhorar ou deixar como está para não piorar. Os oponentes do *Obamacare* batem na tecla de aumento do déficit público e imposição governamental sobre liberdade individual. Os apoiadores insistem na tese do governo garantidor de igualdade de acesso a serviços básicos em mercados desequilibrados. E assim segue o debate que define a saúde dos americanos e parece não ter fim.

## O BENEFÍCIO QUE VIROU OURO

Já deu para perceber que um bom seguro providenciado pelo empregador é privilégio que jamais poderá ser menosprezado. Hoje, cada dólar oferecido em forma de seguro-saúde por uma empresa é tão ou mais precioso que um dólar oferecido no salário. Essa situação é conhecida como *"golden handcuffs"* (algemas de ouro), pois o funcionário se vê preso ao emprego unicamente por ter à disposição um bom plano de saúde. Se a tendência continuar, encontrar um emprego com um bom salário e um bom plano de saúde vai ser motivo de festa com direito a sanduíche do McDonald's e cerveja de graça para toda a vizinhança. Entre duas ofertas de emprego, o seguro-saúde acaba sendo o fator decisivo quando não há uma diferença salarial considerável. Mesmo quando isso acontece, ainda é preciso fazer muitas contas na comparação dos seguros para tomar a decisão mais acertada.

Do ponto de vista contábil, o dólar gasto em tratamentos de saúde vale mais que o dólar recebido no salário porque daquele não é cobrado imposto. O sistema funciona como uma poupança para a saúde, na qual o funcionário tem uma porcentagem do seu salário depositada em uma conta e paga com um cartão de débito tudo que se refere a tratamentos de saúde, como consultas, cirurgias ou remédios. A grande sacada é que esse dinheiro não é taxado. Se foram depositados 100 dólares nessa conta, você poderá gastar os 100 dólares com saúde, diferente de 100 dólares de salário que, quando é depositado na sua conta corrente, se transformam em 95, 90, 85, 80 ou qualquer outro valor após a incidência de imposto.

Sabendo que o sistema de saúde movimenta mais de 3 trilhões de dólares ao ano e agrada pouca gente, muitas empresas de respeito querem entrar no jogo para impor um gerenciamento de qualidade e abocanhar uma fatia do bolo. Apple, Microsoft e Google estão agindo, mas quem chegou trazendo aquela sensação "agora vai" foi uma parceria entre a gigante do comércio eletrônico Amazon, o banco JP Morgan Chase e a prestigiada corporação Berkshire Hathaway, do investidor Warren Buffett. Esse colosso está trabalhando para colocar o trem de volta aos trilhos. Com o poder disruptivo do primeiro, a solidez do segundo e a credibilidade do terceiro, tem gente rezando para a coisa sair do papel. As 1,2 milhão de pessoas que trabalham para as três corporações serão as cobaias da aventura, muitos outros milhões esperam sua vez e, quando isso acontecer, provavelmente serão capazes de marcar uma consulta pelo site da Amazon e pagá-la no caixa eletrônico do banco. Por enquanto, resta comprar um tranquilizante para controlar a ansiedade. Para isso, todos aqui sabem aonde ir.

## VAMOS PASSEAR NA CVS?

Todo o arsenal de desincentivos que você leu até agora obriga muito americano a buscar nas farmácias a solução de qualquer problema de saúde. As drogarias por aqui são a Disneylândia dos doentes e hipocondríacos, não só pelo enorme tamanho, mas também pela grande oferta de medicamentos sem necessidade de receita médica. Uma pesquisa de 2012 da Associação de Consumo de Produtos de Saúde aponta que 81% dos adultos americanos usam medicamentos sem necessidade de receita como primeira solução de pequenos problemas de saúde. O fenômeno da automedicação no Brasil é novo, preocupante e crescente, enquanto nos EUA é igualmente preocupante e crescente, mas longe de ser novo; entrar em uma CVS é tão antigo e prosaico quanto entrar no McDonald's na hora do almoço. Veja o meu próprio caso: sou uma pessoa saudável, nunca fui grande frequentador de drogarias e muito menos hipocondríaco, mas tendo uma CVS como vizinha e percebendo a fantástica variedade de produtos à disposição, subitamente me vi batendo ponto lá. Ao voltar do trabalho, é difícil resistir e não entrar para uma comprinha rápida, mas já percebi que todo cuidado é pouco para não fazer parte de uma estatística cada vez mais preocupante.

Você já deve ter passado pela situação em que estudou muito para a prova de uma matéria e acabou ficando de recuperação em outra. Ou, então, você sempre teve que dar muita atenção a um filho criador de confusões e aquele outro filho que sempre se comportou bem acabou se envolvendo em encrenca maior. Pois foi exatamente isso que aconteceu nos EUA em relação à dependência química. Enquanto investimentos visavam ao combate às drogas ilícitas, médicos de clínicas insuspeitas receitavam cada vez mais medicamentos que, muitas vezes, continham o mesmo princípio ativo das drogas que estavam na mira das campanhas. O resultado são 15 milhões de americanos que abusam de substâncias prescritas. Analgésicos, estimulantes e tranquilizantes estão entre os maiores causadores do chamado *Prescription Drug Addiction* (PDA – Dependência de Medicamento Prescrito). Nos EUA, mais pessoas morrem de overdose desses medicamentos do que de cocaína e heroína somadas, homicídios ou acidentes de carro. A falsa sensação de segurança em consumir uma droga facilmente disponível nas drogarias faz do PDA um caso grave de saúde pública, e alguns entendem que essa é a maior epidemia que o país enfrenta atualmente. Outra falsa sensação de segurança é a aprovação da Food and Drug Administration (FDA), órgão federal que regula o setor farmacêutico. Mas a aprovação de um novo medicamento não leva em conta apenas critérios técnicos, e não está escrito em nenhum lugar que o selo da FDA garante medicamentos sem efeitos indesejados.

Achar exemplos de dependentes entre as celebridades é um trabalho que o Google faz para você em meio segundo. Provando que o problema não é novo, a atriz Judy Garland começou a tomar pílulas para dormir aos 10 anos de idade nos distantes anos 1930. O cantor Johnny Cash já era dependente de medicamentos nos anos 1950 e chegou a ser detido com 669 tabletes de anfetamina e 475 pílulas de tranquilizantes. Mais recentemente, Matthew Perry, o Chandler da série

*Friends*, também fez parte do time. Com apenas 24 anos, o ator foi internado pela primeira vez em uma clínica de reabilitação e exemplificou bem a gravidade do problema entre os jovens. A cada dia, 600 crianças experimentam um novo medicamento prescrito. Seria cômico se não fosse trágico o caso de uma dona de casa de Minnesota. Sua filha tomava um psicoestimulante para tratamento de Transtorno do Déficit de Atenção e Hiperatividade (TDAH). Preocupada com os efeitos do remédio na filha, ela resolveu consumi-lo para entender como ele agia e, em pouco tempo, se viu viciada. Uma frase sua resume bem a extensão do problema no país: "Nós estamos em todo lugar".

Grande parte dos dependentes de medicamentos prescritos são pessoas como eu ou você que moram em uma boa casa, ocupam bons cargos no trabalho, fazem parte de famílias estruturadas e dificilmente manifestam os efeitos do vício em público. Na maioria das vezes, o problema começa com um fato insuspeito que dá início a uma "dependência em linha". As farmacêuticas sabem disso e desenvolvem não só o medicamento que você precisa para o seu tratamento, mas também o medicamento para atacar os efeitos colaterais do primeiro e assim sucessivamente. Um dependente em linha providencia faturamento à indústria de maneira integral. O cineasta Chris Bell conta sua experiência. Após uma cirurgia do quadril, Bell se viu obrigado a consumir analgésicos e acabou sendo tomado por uma alta ansiedade. O medicamento para controle da ansiedade causou insônia. Para conseguir dormir era necessário um tranquilizante. Em um piscar de olhos, o cineasta era mais um na estatística de dependentes, consumia 10 pílulas por dia e não conseguia lutar contra a letargia que durava horas. Chris Bell havia testemunhado um caso fatal na família. Seu irmão, Michael Bell, mergulhou no vício em analgésicos para conter as dores típicas de um lutador profissional e não resistiu (se você pesquisar sobre a relação esporte e consumo de medicamento, vai descobrir gente tomando 90 pílulas por dia). No documentário *American Thugs*, Bell foi buscar explicações para a epidemia enquanto lutava contra o próprio vício. Gwen Olsen, uma ex-representante da indústria farmacêutica, fez uma declaração que é capaz de mudar completamente a maneira como você enxerga a situação: "A indústria farmacêutica não tem o objetivo da cura, mas da gerência da doença e manutenção dos sintomas". Quem é curado não consome remédios, por isso a necessidade da indústria em manter o cliente semicurado. Mas uma andorinha só não faz verão e, para a indústria prosperar, alguém tem que assinar as receitas médicas.

## *DR. FEELGOOD* E OS OPIOIDES

Muita gente já ouviu o termo *Dr. Feelgood* (dr. Bem-estar). No mundo das drogas, ilícitas ou não, ele basicamente representa alguma substância que promove a sensação de alívio, prazer, contentamento ou qualquer outra que possa suplantar um desconforto físico ou mental. Pode ser vodca, crack ou aspirina. Mas *Dr. Feelgood* também pode se referir ao médico que receitou um medicamento. Em um país onde uma em cada três pessoas sente dores crônicas, é fácil encontrar um *Dr. Feelgood* em cada esquina e muitos fizeram fortuna às custas da dependência e morte alheia com aquilo que um dia já foi chamado de revolução. A solução milagrosa que deu início à devastadora epidemia mais recente atende pelo nome de opioide.

Tudo começou em 1986, com um estudo dos médicos Russell Portenoy e Kathleen Foley sobre os fantásticos resultados de um experimento em que 24 de 38 pacientes que sentiam dores relataram alívio total ou parcial após o consumo de opioides, uma classificação de medicamentos que utiliza derivados do ópio ou substâncias sintéticas que reproduzem seus efeitos de aliviar a dor. Até então havia resistência entre a classe médica em receitá-los por conta de seu poder de dependência, mas o estudo mostrou que apenas 2 dos 38 pacientes desenvolveram algum tipo de dependência e concluiu que dependentes assim o são porque possuem uma pré-disposição ao vício, por isso já era hora de acabar com a "opioidefobia". E a tal "Revolução da Dor" começou por causa de um estudo com apenas 38 pacientes.

O que se viu a partir daí foram receitas de opioides sendo distribuídas indiscriminadamente. Os conhecidos Vicodin, Percodan e Demerol estavam entre os mais populares, e a incrível demanda fez do OxyContin o analgésico mais vendido do país. O OxyContin, duas vezes mais potente que a morfina, tem um papel fundamental nessa história porque seu fabricante desenvolveu, nos anos 1990, uma campanha extremamente agressiva – e fraudulenta, segundo especialistas – para incentivar seu consumo além do tratamento contra o câncer, sua utilização mais comum. Para a situação sair do controle foi um pulo, e gente de todo o país rumou para as chamadas *"pill mills"* (fábricas de pílulas), clínicas que receitavam opioides sem qualquer critério. Algumas *pill mills* faturavam 150 mil dólares por dia – pagos apenas em dinheiro –, e eram administradas por médicos de ética duvidosa que, muitas vezes, eram as pessoas mais ricas da cidade. Alguns tinham extensa ficha criminal, carreira coberta de processos judiciais e trabalhavam com armas na cintura. Seguranças em volta das clínicas, também armados, garantiam o desenrolar das consultas que tipicamente duravam menos de 3 minutos.

Muitos dependentes faziam o chamado *"doctor shopping"* (compras médicas), quando passavam o dia inteiro visitando as *pill mills* para obter o maior número possível de prescrições do que passou a ser chamado de *"hillbilly heroin"* (heroína caipira). A epidemia se espalhou nas áreas rurais em ritmo alucinante e ficou cada vez mais difícil encontrar o típico jovem do interior que você vê em filmes trabalhando duro em dias de semana, tomando cerveja no sábado e frequentando a igreja no domingo. Os opioides desenvolveram uma economia paralela em muitas pequenas cidades e passaram a ser usados como moeda de troca para qualquer produto ou serviço: roupas, instalação de TV a cabo, material escolar... As pílulas compravam tudo. Em 1997, foram distribuídas 670 mil prescrições de OxyContin; em 2002, já eram 6,2 milhões delas. As filas nas *pill mills* dobravam o quarteirão e o mercado aquecido passou a atrair gente em busca de dinheiro fácil e consumo ilimitado. Muitos passaram a revender o medicamento, outros preferiram assaltar farmácias e havia aqueles que maceravam comprimidos para multiplicar os efeitos do princípio ativo do medicamento. Cada vez mais, o submundo dos opioides reproduzia a realidade das drogas ilícitas, incluindo o crescente número de óbitos. Entre 1999 e 2008, as mortes causadas por opioides já superavam o auge de oito anos da crise do crack e cocaína. A polícia deu início à *Operation Cotton Candy* (Operação Algodão-Doce, ou você acha que só a Polícia Federal do Brasil é criativa ao batizar suas operações?). Dezenas de médicos foram presos. Russell Portenoy e Kathleen Foley revisaram seus estudos que deram início à discórdia e admitiram que os opioides possuem entre 30% e 50% de capacidade de dependência, mas era tarde e a indústria farmacêutica já tinha colhido os frutos da dependência em massa.

Os americanos ainda lutam contra os efeitos da enxurrada de opioides que são a principal causa de morte de adultos abaixo de 55 anos, um dado que causou a queda de quatro meses na expectativa de vida da população. As 200 mil mortes nos últimos 20 anos é mais que o triplo do número de americanos mortos na Guerra do Vietnã, que teve duração semelhante. Estima-se que 2 milhões de pessoas convivem com a dependência, que pode começar através de tratamentos de problemas frequentes como pedra nos rins, remoção de cisto ou pós-cesárea. A atriz Jamie Lee Curtis, por exemplo, viciou-se no analgésico Vicodin após uma microcirurgia para se livrar de papos nos olhos. A lista de óbitos recentes no mundo da música impressiona. Submetidos a turnês exaustivas, nas quais comem e dormem muito mal, os opioides são a solução mais prática dos artistas para aplacar a dor e a pressão. Entre as vítimas, Chris Cornell, vocalista da banda Soundgarden, Jay Bennett, guitarrista da banda Wilco, Paul Gray, baixista da banda Slipknot, Prince, Tom Petty e o *trapper* Lil Peep. Os três últimos têm em comum o consumo de um opioide sintético que divide com o OxyContin o protagonismo da crise, o Fentanil. Somente em 2017, foram mais de 70 mil mortes atribuídas ao Fentanil, uma substância de 30 a 50 vezes mais potente que a heroína e que muitas vezes é consumida sem conhecimento do usuário. Prince e Tom Petty sofriam de dores no quadril e consumiam medicamentos com acompanhamento médico, por isso há uma grande suspeita de imprudência entre os profissionais responsáveis pela saúde dos músicos. A morte por consumo de Fentanil pode ocorrer em apenas um minuto.

Se você acha que não é possível piorar, saiba que entre os dependentes há muitas grávidas e os bebês herdam o vício antes mesmo de nascer. Após o parto, é necessário intenso monitoramento do recém-nascido que adquiriu a *Neonatal Abstinence Syndrome* (NAS – Síndrome de Abstinência Neonatal) e, em muitos casos, as enfermeiras são obrigadas a introduzir morfina na mamadeira. Entre 2004 e 2013, a proporção de recém-nascidos viciados pulou de 1,5 por 1000 para 8 por 1000. Segundo estudo da publicação *Jama Pediatrics*, um bebê com NAS nasce a cada 15 minutos no país.

Durante encontros promovidos por médicos, clínicas e hospitais, os relatos de viciados são de uma tristeza infinita. Há quem roubava os opioides do pai que estava em tratamento contra o câncer, ou aqueles que vendiam os presentes de Natal dos filhos para se abastecer de comprimidos. Eles também descrevem famílias destruídas, pais desesperados, filhos abandonados e comunidades decompostas. Entre os especialistas, há uma sensação latente de que algo está fora de controle. Nada menos que 80% dos viciados recentes em heroína começaram a jornada ladeira abaixo com opioides. O ator Philip Seymour Hoffman foi um deles. Hoffman morreu em 2014, com 46 anos, com uma seringa no braço e uma combinação de heroína, cocaína, anfetamina e benzodiapezina no organismo, não sem antes passar por uma clínica de reabilitação e julgar-se recuperado da dependência de álcool e opioides. A recuperação, na verdade, é longa, dolorosa e sujeita a muitas recaídas. John Kelly, professor em Harvard, afirma que são necessários quatro ou cinco tratamentos para que um típico dependente consiga manter-se sóbrio por um ano.

Um movimento semelhante às diversas ações judiciais contra a indústria do fumo nos anos 1990 vem acontecendo contra a indústria farmacêutica. Estados como Nova York, Vermont, Washington, Mississipi, Ohio e West Virginia já pediram compensações da ordem de milhões de dólares para custear o tratamento de seus dependentes. O estado de Massachusetts foi mais longe ao processar os donos da Purdue Pharma, fabricante do OxyContin. A família Sackler é acusada de omitir a enorme capacidade de dependência do medicamento e tem sido chamada de assassina em massa. O próprio presidente Donald Trump já declarou que gostaria de processar fabricantes de opioides.

Em 2017, Trump reconheceu o problema ao dizer que considerava a crise dos opioides um caso de emergência nacional. Muito interpretaram isso como uma declaração de estado de emergência, situação que dá poderes adicionais aos órgãos competentes para agir, mas não foi o que aconteceu. Cansados de esperar, vários governadores já haviam se antecipado e declarado estado de emergência em seus estados, como Flórida, Maryland, Massachusetts, Alaska, Arizona e Virgínia. Mas então começou outro problema, afinal toda história tem dois lados.

Médicos e pacientes reclamam que a terrível reputação adquirida pelos opioides limita seu uso responsável. Alguns profissionais não se arriscam a receitá-los para não chamar atenção nos dados que rastreiam clínicas e farmácias. Muitos asseguram que receitar opioides é passo certeiro para uma vida sob eterna vigilância e escrutínio regulatório. Os opioides, antes uma arma dos médicos para tornar a vida de seus pacientes mais agradável, se transformaram em uma arma contra a própria carreira profissional. É impossível não cair em um dilema. Receitar opioides pode levar o paciente ao vício, não receitar o leva para uma vida de eterna dor. Pacientes que sofrem de fortíssimas dores crônicas bradam que essa situação é uma afronta aos direitos humanos e tão grave quanto as ocorrências fatais por overdose. Dos 100 milhões de americanos que vivem com dor crônica, 30% estão sendo tratados de maneira ineficiente, segundo estimativas da Universidade de Webster, estado de Utah. Há muitas questões na ponta da língua dos defensores dos opioides que não encontram respostas satisfatórias: É certo obrigar alguém a conviver com dores intensas quando há tratamento disponível? Por que a possibilidade de viver sem dor é suprimida? Onde está a liberdade individual dos pacientes no país da liberdade de escolha?

O dr. Gary Franklin, da Universidade de Washington, não tem dúvidas em batizar a crise dos opioides como "a pior epidemia causada pelo ser humano na história". Resolver o problema é como tentar montar um quebra-cabeça no qual as peças estão espalhadas em diversos cômodos de uma casa. Seria preciso reunir todas elas para então começar a encaixá-las, tarefa complexa em um país com 50 estados e incontáveis órgãos públicos que lidam com a questão de maneira fragmentada.

## A INDÚSTRIA QUE NÃO SABE O QUE É CRISE

Financiar a elaboração de uma nova droga para o mercado americano não é para qualquer um. O custo de pesquisa necessário desencoraja quem não tem faturamento astronômico, mas as recompensas podem vir em doses cavalares no país que parece ser a galinha dos ovos de ouro da indústria de medicamentos. Os lucros obtidos nos EUA respondem por cerca de metade do lucro total das farmacêuticas multinacionais.

O *lobby* aqui impressiona. Entre 2006 e 2015, foram 880 milhões de dólares gastos com mais de 1.000 lobistas. O setor só perde para os bancos nas despesas com *lobby* em Washington. Não surpreende, portanto, quando as leis dão uma forcinha à indústria que, entre 2005 e 2015, faturou 711 bilhões de dólares somente entre as 11 maiores, o setor mais lucrativo do país.

O primeiro grande sinal de mudança veio nos anos 1980, quando a então rígida regulação sobre divulgação de medicamentos começou a ceder. Os comerciais, até então voltados para a classe médica, começaram a mirar o consumidor final. Hoje, entre os países desenvolvidos, apenas nos Estados Unidos e na Nova Zelândia são permitidas peças publicitárias de medicamentos visando diretamente o consumidor. Outro benefício que o *lobby* das farmacêuticas proporcionou para si segue um padrão brasileiro que atinge diretamente o bolso dos consumidores, dificultar o acesso à concorrência estrangeira.

Há dezenas de exemplos em que o mesmo medicamento apresenta diferenças de preço doloridas nos Estados Unidos e outros países. Além de ser obrigado a pagar mais, o consumidor americano é proibido por lei de importar medicamentos – com algumas exceções –, cabendo ao doente a decisão de aceitar os custos mais altos ou não seguir a recomendação médica. Eu conheço um outro país cujo nome começa com B que também coloca o consumidor em arapucas desse tipo, e você? Então, exatamente como a sua tia faz ao voltar de Miami, é comum um americano voltar de uma viagem internacional com metade da farmácia na mala. Também comum é a situação retratada no filme *Clube de compras Dallas*, em que, nos anos 1980, um portador do vírus HIV faz contrabando das drogas necessárias para seu próprio tratamento. Os vizinhos Canadá e México são os destinos preferidos de quem resolve buscar pessoalmente medicamento mais acessível. A diferença é que, enquanto o personagem Ron Woodroof trazia drogas não aprovadas pela FDA para combater a assustadora aids, hoje os americanos atravessam fronteiras para buscar medicamentos conhecidos e facilmente encontrados nos EUA para combater males não tão complexos.

Diferente de outros países onde o governo estabelece o custo de um medicamento, aqui prevalece a lógica de mercado em que a livre concorrência vai determinar a flutuação de preços. Muitos acreditam que as indústrias farmacêuticas buscam nos EUA o lucro que não conseguem em outros mercados.

Em 2002, 82% dos investimentos dessa indústria foram feitos nos Estados Unidos. Como se não bastasse, a concorrência por aqui está em baixa, vários medicamentos essenciais para tratamentos específicos são produzidos pela mesma corporação. Há casos em que as gigantes do setor pagam os laboratórios de medicamentos genéricos para que o lançamento do produto concorrente seja adiado, o chamado *"pay for delay"* (pagar para adiar). Em outros casos, um genérico simplesmente desaparece do mercado de maneira misteriosa. Ficou famoso o caso da Proclorperazina e do Droperidol, duas drogas utilizadas por anos em prontos-socorros que, subitamente, não eram mais encontradas. A única opção passou a ser um medicamento de marca, cujo preço era, no mínimo, 50 vezes maior. Para terminar, existe ainda a situação em que um novo medicamento simplesmente não é lançado para não atrapalhar os negócios. A dra. Denise Faustman passou por isso e sua luta foi descrita no livro *An American Sickness* (Doença Americana, em tradução livre), de Elizabeth Rosenthal. Ao descobrir uma substância que bloqueava o avanço da Diabetes Tipo 1, a dra. Faustman foi buscar financiamento da indústria farmacêutica para iniciar o teste em humanos, mas a resposta foi desanimadora. Qual seria o interesse em curar a diabetes se a doença gera uma quantia enorme de dinheiro com a venda de remédios, monitores e insulina? "Não, obrigado!"

POR QUÊ?

A pergunta que não quer calar milhões de pessoas aqui é: "Por que é tão difícil encontrar tratamentos de saúde de qualidade a preço acessível na maior potência mundial?". Investimentos públicos no setor superam os de qualquer outra área. Com movimentação na casa de 3 trilhões de dólares, a saúde americana é a quinta maior economia do mundo – maior que o PIB da França. Falando nisso, os EUA gastam 18% de seu PIB em saúde, a maior porcentagem entre os países ricos. São 8,5 mil dólares *per capita*, o dobro da média das nações desenvolvidas. O Japão, por exemplo, gasta 3,2 mil dólares *per capita*, mas apresenta melhor resultado do investimento já que compromete apenas 8,5% de seu PIB e lidera o *ranking* mundial de expectativa de vida contra o 31º lugar dos EUA. Resumindo, os EUA gastam muito com saúde, mas não colhem os frutos.

Encontrar resposta unânime não é tarefa fácil. O problema não é a falta de explicações, mas o excesso delas. A grande maioria concorda que o motivo principal tem um nome: ganância. Cobra-se o máximo possível sobre tudo: 10 mil dólares por uma diária em um hospital, 120 por uma injeção, 53 por um par de luvas descartáveis, 75 por um cobertor, 6.000 por um teste preventivo de câncer, 10 pelo copinho descartável de água para tomar um comprimido e assim por diante. Muitos afirmam que, diferente de outros setores, a iniciativa pública não tem um poder de barganha tão efetivo; outros reclamam que a terceirização de profissionais em hospitais resultou em uma fração maior do custo não coberto pelos seguros. Você se lembra do anestesista do brasileiro Roberto Vieira que cobrou à parte seu serviço na colonoscopia? Ele não fazia parte do quadro de funcionários do hospital conveniado, era um autônomo que trabalhava no local quando necessário. Esse caso está longe de ser exceção. O americano Carl Drivilet se submeteu a um procedimento cirúrgico para tratar de uma hérnia de disco cervical. O custo do trabalho de seu ortopedista foi coberto pela seguradora, mas o cirurgião-assistente não fazia parte do convênio e mandou a simplória conta de 117 mil dólares. Drivilet nem se lembra da presença do profissional na sala de cirurgia. Há ainda aqueles que atacam a indústria dos exames, uma altíssima fonte de renda para profissionais do setor. Os pedidos de ecocardiograma, por exemplo, aumentaram 90% entre 1999 e 2008. O grande número de intermediários em todo o processo também dá sua colaboração: 18% para o representante de vendas, 30% para o distribuidor, e assim vai. Também há os prestadores de serviço que você nem imagina que existam, como empresas especializadas em "otimizar" em nível máximo a conta final de um tratamento. O economista David Cutler cita como exemplo o Duke University Hospital, no estado da Carolina do Norte, que mantém 900 leitos e 1.300 encarregados de cobrança. E, finalmente, um grupo resolve colocar o dedo na ferida e falar uma verdade amarga: os próprios americanos são responsáveis porque gostam dos mimos oferecidos por médicos, laboratórios e hospitais. Quartos com *wi-fi*, cafezinho de grife, chinelos, roupões de luxo, revistas e jornais, corredores de mármore, estacionamento nas dependências etc. Não é difícil prever que tudo isso está longe de ser cortesia e estará embutido na conta dolorosa que um dia há de chegar. O serviço europeu prefere focar no tratamento propriamente dito. Alguns agrados podem ser providenciados com pagamento à parte, mas a grande maioria opta pelo pacote básico que resolve muito bem o problema. Entre ter estacionamento com manobrista na porta ou um procedimento inteiramente coberto, os europeus não reclamam de pegar um táxi.

A própria estrutura de um hospital pode ser alterada radicalmente para acomodar apenas as atividades mais rentáveis. Muitos não estão mais dispostos a manter setores tradicionalmente deficitários como prontos-socorros. Alguns os eliminaram, outros terceirizaram. A tabela de preços salta aos olhos e não poupa nem os casos mais simples. Veja o caso de Deepika

Singh, que chegou a um hospital da Califórnia com um corte no joelho. O procedimento realizado foi o bom e velho ponto, uma das técnicas mais antigas da medicina ainda em uso. O custo de três pontos foi de 2.229,11 dólares. O Zuckerberg San Francisco General Hospital, também na Califórnia, recebeu uma doação de Mark Zuckerberg, fundador do Facebook, de 75 milhões de dólares. O hospital mudou de nome para homenagear o doador e comprou um moderno aparelho de tomografia computadorizada que foi usado para diagnosticar a condição da ciclista Nina Dang após uma queda de bicicleta. A conta do procedimento chegou após alguns dias, 24.074,50 dólares. Nem queira saber o valor nos casos a que você costuma assistir no seriado *Grey's Anatomy*. Aquela ambulância, cuja sirene você ouve a cada 2 minutos quando passeia pela 5ª Avenida de Nova York, também é cobrada. A conta pode chegar facilmente a 1.000 dólares por trajeto, mais algumas dezenas de dólares por milha rodada. Se o atendimento for noturno e/ou o paciente usar o tanque de oxigênio, um adicional será cobrado à parte. Nem os médicos escapam do drama. Após um veículo *off-road* ter tombado em cima de seu braço, o radiologista Naveed Khan foi transportado de helicóptero de Wichita Falls a Fort Worth (Texas), uma viagem de 173 km. Para o Dr. Khan, o choque de ter sido obrigado a amputar o braço não foi maior que o do valor da conta pela viagem de helicóptero, 56.603 dólares. Vale lembrar que os hospitais são proibidos por lei de recusar atendimento emergencial para quem não apresentar condições de pagamento, mas a lei não impede um hospital de providenciar cobrança posterior ao custo que lhe convier. Caso o atendimento não seja emergencial, o hospital pode recusar tratamento se não receber uma prova da capacidade do paciente pagar a conta. Eu conheço gente que disse ter sido questionada por um funcionário do hospital sobre sua capacidade de pagamento antes mesmo de perguntarem como ele estava se sentindo.

Lamentavelmente, o problema da saúde não se limita às enfermidades mais graves ou emergenciais. Os americanos são os primeiros entre as nações desenvolvidas na chamada *"amenable mortality"*, mortes que poderiam ser evitadas com tratamentos adequados. Na faixa abaixo de 75 anos, 23% e 32% das mortes de homens e mulheres respectivamente estão dentro dessa categoria. Por outro lado, muitos fazem questão de lembrar que boa parte das enfermidades evitáveis são fruto de um estilo de vida que cada um decidiu ter, portanto não se deve lamentar as consequências. Resumindo em uma frase: sua saúde é sua responsabilidade.

Algumas conexões entre a ineficiência do sistema de saúde e novos fenômenos podem parecer estranhas para alguns, mas são sustentadas com convicção por outros. A altura média da população de um país é considerada uma fácil indicação de acesso à saúde de qualidade. Os americanos eram os mais altos do mundo durante o século XIX e continuaram no topo da tabela nas primeiras décadas do século XX. A partir daí, o ritmo de crescimento diminuiu e hoje a altura média dos homens é de 1,80m e das mulheres é de 1,67m, abaixo de vários países desenvolvidos, como Bélgica e Dinamarca, e outros nem tanto, como Croácia e República Tcheca. A comparação com a líder Holanda não é tão decepcionante entre os homens, mas entre as mulheres é notável, média de 1,83m e 1,77m, respectivamente. Até os portugueses, que nunca se destacaram pelo tamanho, registram a mesma altura média dos americanos entre os mais jovens. Será que mudaram a receita da rabanada? Posso afirmar categoricamente que não por dois motivos. O primeiro eu explico com a autoridade de um neto de portuguesa e filho de uma especialista em rabanadas natalinas. Os portugueses jamais vão mudar a receita da rabanada porque ninguém inventou doce melhor, qualquer alteração seria um sacrilégio. O segundo eu deixo com o cientista Majid Ezzati, do Imperial College, de Londres: "Bons padrões de saúde, saneamento e nutrição são os principais determinantes ambientais da altura". É possível questionar os hábitos alimentares dos americanos, mas gente passando fome, felizmente, não é muito comum de se encontrar nos EUA. Saneamento básico está longe de ser um problema emergencial. Agora é só ler a frase do dr. Ezzati novamente para lembrar o que sobrou.

Para evitar uma dilapidação do patrimônio, não segurados não fazem exames preventivos, por isso muitas vezes descobrem tarde um grave problema de saúde. No desespero, buscam tratamentos imediatos, caros e com poucas chances de reverter o quadro clínico. No caso de óbito, a família herda a responsabilidade sobre o pagamento. Assim, o esfarelamento da saúde física do doente é acompanhado pelo caos da saúde financeira de todos os envolvidos. Especialistas chegaram à deprimente conclusão de que quando um não segurado descobre ser portador de uma grave doença, a melhor solução é não fazer o tratamento e conformar-se com o óbito inevitável para que, ao menos, as finanças continuem em ordem. Entre os vivos, as despesas com saúde são de longe a maior causa de falência pessoal no país. Em 2014, 52% dos débitos vencidos em relatórios de avaliação de crédito se referiam a despesas médicas.

## FIQUE LIGADO

Eu fico impressionado com o número de brasileiros que ainda viajam sem um seguro-saúde. Isso não faz o menor sentido em qualquer país do mundo, muito menos nos EUA. Pisar em solo americano sem uma boa cobertura de saúde é uma roleta-russa com a própria integridade física e financeira. Você pode ter muitos dólares para gastar nos *outlets*, mas dificilmente terá o suficiente para tratamentos médicos sem um seguro. Por isso, se estiver pensando em morar ou passar alguns dias aqui, fique à vontade para ignorar qualquer conselho deste livro com uma única exceção: jamais venha para os EUA sem um seguro-saúde. E digo mais, aquele pacote padronizado de 25 mil dólares é pouco. Em viagens de turismo, eu sugiro uma cobertura de 100 mil dólares para adultos saudáveis e 250 mil dólares para adultos com alguma condição pré-existente, idosos e crianças. Sim, o custo é alto, mas quanto vale sua tranquilidade?

EDUCAÇÃO
# PASSADO NOTA 10, FUTURO INCERTO

Ter filhos no Brasil significa, no mínimo, ter uma grande preocupação: educação escolar. A soma de ensino público ineficiente e ensino privado inacessível deixa os pais em uma enrascada, por isso é fácil sonhar em mandar seus filhos para estudar nos Estados Unidos em um programa de intercâmbio do ensino médio ou, melhor ainda, em uma universidade. Nomes como Harvard, Yale e Princeton soam como música aos ouvidos de qualquer pai ou mãe que se arrepia só de pensar em maneiras de garantir uma boa formação à prole. A realidade, porém, é que esse sonho não é só seu, e a alta procura pela grife universitária americana causou uma explosão nos custos que obriga pais americanos e do mundo inteiro a perder noites de sono fazendo contas intermináveis. Há também outro problema: cada vez mais esse diploma é questionado por não oferecer aquilo que se espera dele, ou seja, a equação custo acessível + ensino relevante está difícil de se resolver.

Dados do National Center for Education Statistics mostram que 40% dos americanos possuem curso superior, nada mal comparado com os vergonhosos 14% dos brasileiros. Mas eles estão atrás dos suecos, noruegueses, dinamarqueses, finlandeses, islandeses, holandeses, britânicos, australianos e, surpreendentemente, poloneses e sul-coreanos. Os números são ainda mais preocupantes quando comparados com dados dos anos 1980 que indicavam um maior número de americanos graduados em relação aos seus contemporâneos desses mesmos países. Se olharmos um pouco mais longe, após a Segunda Guerra Mundial, o país foi líder global no acesso ao ensino superior. Enquanto os americanos mais velhos são os mais estudados do mundo, os mais jovens não chegam nem perto disso. O que causou esse regresso?

As universidades americanas fazem parte da paisagem social dos EUA desde os tempos da colonização. Dizem por aí que o grande físico, matemático, astrônomo e filósofo italiano Galileu Galilei foi convidado para lecionar na Universidade de Harvard. Lenda? Pode ser, mas na própria Harvard foi estabelecido um sistema de empréstimo que o estudante poderia adquirir para pagar sua graduação. Ali começava o modelo que se tornaria um dos pilares do modo de vida americano, o acesso ao ensino superior através de empréstimos a serem pagos após a conclusão dos estudos. O resultado é que a universidade deixou de ser um sonho inalcançável e milhares de jovens correram atrás desse dinheiro para bancar a conquista. Durante a época de ouro do ensino superior, entre 1949 e

*Educação • Passado nota 10, futuro incerto*

1979, o número de estudantes mais que quadruplicou, o corpo docente triplicou e o ritmo de abertura de novas universidades chegou perto de uma por semana.

A partir da década de 1980, a alta procura causou um aumento nos gastos dos estudantes e, nos últimos 20 anos, o custo de uma universidade pública subiu em média 171%, enquanto o de uma universidade privada cresceu 117%, já descontada a inflação do período, de acordo com o U.S. Bureau of Labor Statistics. Assim, a dívida acumulada para obter um diploma começou a ser encarada mais como um problema do que como uma solução.

A essa altura você já percebeu que as universidades públicas americanas não são gratuitas como as nossas, apesar de um tímido movimento nessa direção já ter começado. Elas são mais acessíveis que as privadas, mas ainda pagas. Antigas universidades públicas de estados como Colorado, Michigan e Virgínia foram privatizadas e aderiram ao time das *for-profit*, instituições que visam ao lucro. As que continuam públicas estão cada vez mais dependentes dos estudantes e menos dos recursos do governo.

Na outra ponta, as universidades privadas de elite justificam o nome servindo às elites. "Quem tem fama, deita na cama" já diz o ditado, e essas instituições centenárias são à prova de crises, o que explica por que seu custo muitas vezes pode ser considerado um grande insulto. A costa leste do país concentra um grande número delas e permitiu a formação da *Ivy League*, uma poderosa liga formada por oito instituições de ensino de grife, em que o processo de seleção de novos alunos parece mais rigoroso que a escolha do CEO de uma multinacional. Além das já citadas Harvard, Yale e Princeton, também fazem parte da *Ivy League* as universidades Columbia, Brown, Cornell, Dartmouth e Pensilvânia. Esse grupo se dá ao luxo de descartar candidatos de olhos fechados, por isso a porcentagem de alunos aceitos em relação ao número de candidatos não é nada animadora: Cornell e Dartmouth são as únicas acima de 10% (mas abaixo de 15%), enquanto Pensilvânia conta com 9,9%; Brown, 8,6%; Princeton, 7%; Yale, 6,5%; Columbia, 6,1%; e Harvard, 5,3%. A conquista de uma vaga na *Ivy League* é vista como um bilhete premiado; a diferença é que o bilhete não distribui dinheiro, muito pelo contrário.

## O DRAMA DO CUSTO

Hoje em dia, o custo total de um diploma pode passar dos 100 mil dólares com certa facilidade. Assim, não surpreende a pesquisa que aponta que 70% dos formados nas universidades de grande reputação vêm de famílias de alto poder aquisitivo. E você achava que isso só acontecia no Brasil, não é? A dívida total dos estudantes é de 1,4 trilhão de dólares, recorde histórico do país.

Para os pais previdentes que não querem deixar para resolver o problema na última hora, a melhor saída é participar de um dos muitos fundos de investimento disponíveis. Obviamente quanto mais cedo melhor, de preferência logo após a criança nascer. Esses fundos são patrocinados pelos estados e funcionam como uma previdência privada; o bolo vai crescendo ao longo dos anos e, no momento em que o jovem pisa na universidade pela primeira vez, boa parte dos recursos estão garantidos.

Quem não aproveitou essa possibilidade pode se candidatar para receber bolsas de estudos ou os inúmeros subsídios públicos da esfera federal e estadual. O *Pell Grant* – programa de subsídios mais popular do país – ajuda milhões de estudantes todos os anos, mas é cada vez mais insuficiente. Quando foi criado em 1972, ele cobria mais de 80% dos custos de uma universidade, hoje essa cobertura não chega a 33%. Pode também haver problemas a cada virada de ano letivo, quando o pedido do subsídio deve ser atualizado. Supondo que o pai de um estudante encontre um emprego mais bem pago que o do ano anterior, o subsídio pode ter um grande ajuste para baixo ou até ser interrompido. Uma pequena melhora nos ganhos da família pode se transformar em prejuízo na conta final. Alguns estudantes fazem uso de mais de um subsídio e, ainda assim, a conta não fecha. O valor médio da dívida após a conclusão dos estudos, somente entre os que receberam subsídios, é de 30 mil dólares. Se esses subsídios visam às famílias de baixa renda, não é difícil imaginar o peso dessa dívida entre elas.

Para os mais aplicados, as bolsas de estudo por mérito são a esperança. Alunos com um ótimo histórico escolar e altas notas nos exames de admissão têm boas chances, mas notas altas nesses exames estão intimamente ligadas à riqueza das famílias. Portanto, muitas vezes os subsídios caem na mão de quem não precisa deles, exatamente como aquele seu amigo que goza de um bom padrão de vida e estuda em uma universidade pública brasileira, enquanto aquele outro amigo menos privilegiado é obrigado a pagar a própria faculdade porque não foi páreo nos vestibulares mais concorridos do Brasil.

A enorme indústria do crédito estudantil acaba sendo a última esperança. Nada menos que 77% dos estudantes de cursos de quatro anos contraem algum tipo de empréstimo. Não é pouca coisa, os *millenials* estão se endividando com valores 300% maiores que de seus pais. Os bancos entraram com força nesse mercado e, desde a virada do século, buscaram a enorme fatia dos menos privilegiados que decidiram correr atrás de um diploma universitário. Essa estratégia já deu errado no mercado de imóveis em 2008, e analistas alertam sobre uma bolha prestes a estourar. O alto risco dessas operações expõe as fragilidades do sistema, que pode entrar em colapso ao menor sinal de calote em grande escala. A bomba-relógio já está em contagem regressiva: cerca de 33% dos empréstimos para o público de baixa renda estão atrasados mais de 90 dias. Às vésperas da crise dos imóveis, essa taxa era de 24%. Por dia, cerca de 3 mil pessoas atrasam o pagamento de dívidas estudantis, e o maior banco americano, JP Morgan Chase, abandonou essa linha de crédito em 2013 prevendo o caos.

Trabalhar é uma obrigação para 75% dos estudantes universitários americanos, mas não uma garantia de capacidade de pagamento. Em 1979, o custo médio anual de uma universidade era pago com 385,5 horas trabalhadas por alguém que recebia um salário mínimo, hoje são necessárias 2.229 horas.

Quando todo o esforço não é suficiente, adiar a conclusão do curso para trabalhar em período integral é opção comum que arrasta o tempo para o aluno conquistar o diploma. O tempo de graduação médio do estudante americano é de 4,8 anos em universidades públicas e 5,2 anos nas privadas. Isso significa não só mais tempo, como também mais dinheiro gasto em relação aos tradicionais quatro anos, algo nada animador.

## BRIGA DE GENTE GRANDE

Com tanto dinheiro girando, o setor da educação americana cria vulnerabilidades quando universidades buscam lucro desmedido e famílias buscam privilégios injustificados. A acusação mais comum é que a função nobre de educar deixou de ser, há muito tempo, uma atividade protegida da ganância, e a função de aprender deixou de ser, há muito tempo, uma atividade estimulada pelo desejo de conhecimento. O processo de admissão de muitas universidades já foi motivo de investigação e escândalos pipocaram entre instituições de renome.

Em março de 2019, ficou claro que dinheiro compra vagas quando dezenas de pessoas foram indiciadas por pagarem propinas para que seus filhos tivessem lugar garantido nas aulas. O que mais impressionou nesse caso foi a presença maciça da elite que incluía empresários, médicos, advogados e celebridades, como as atrizes Felicity Huffman, da série *Desperate Housewives*, e Lori Loughlin, da série *Full House*. Os métodos incluíam falsificação de nota, raça, etnia, deficiência física, aptidão esportiva e tantas outras condições que facilitam a entrada no mundo universitário. Em alguns casos, as respostas corretas dos testes de admissão eram entregues aos estudantes com antecedência; em outros, os exames eram feitos por alguém se passando pelo beneficiário. Houve casos em que fotos de atletas eram devidamente manipuladas para incluir a imagem do estudante em questão. As universidades de Yale, Texas, Georgetown, Southern California e Stanford foram citadas, mas não incluídas no processo porque, aparentemente, não estavam envolvidas na fraude.

A notícia chocou, mas não era novidade. Casos anteriores foram ainda mais graves porque as próprias instituições estavam por trás da trapaça. Universidades como Emory, Bucknell e Claremon McKenna já haviam manipulado seu processo de seleção para que candidatos de maior poder aquisitivo pudessem fazer parte do corpo de alunos. Um *campus* frequentado por estudantes abastados cria prestígio que, por sua vez, aumenta a procura da elite que, por sua vez, permite o aumento de preços sem correr o risco de encolhimento do número de alunos. A exclusividade é um ativo poderoso que faz da universidade um produto sofisticado, sonhado por muitos. Outros preferem quantidade. O jornal *The Morning Call*, da cidade de Allentown (Pensilvânia), revelou o *modus operandi* extremamente agressivo do Lehigh Valley College, tradicional instituição da região. Os recrutadores eram obrigados a fazer, no mínimo, 125 ligações e marcar 5 entrevistas por dia. A meta de matrículas era de 10 ao mês. O alto número de candidatos é muito importante para o nome da instituição por conta de uma sabida regra de estudo comportamental. Quanto mais gente desejar estudar na Faculdade X, mais gente vai desejar estudar na Faculdade X. O chamado "efeito boiada" não só faz milhares de pessoas comprarem as joias usadas pela protagonista da novela das nove, mas também incentiva um estudante a escolher a Faculdade X sem ter a real certeza dessa necessidade e/ou possibilidade. Quando um desavisado perceber que a empolgação vai custar caro, pode ser tarde demais. Na prática, a antiga crença de que empréstimo universitário é um bom débito mostra-se bem diferente.

Cerca de 40% dos calouros americanos não concluem seus cursos e nem preciso escrever o principal motivo. As consequências não são nada agradáveis. Enquanto a taxa de desemprego de um graduado gira em torno de 4,2%, a do não graduado está por volta de 33,4%. Aqueles que abandonaram seus cursos são obrigados a procurar empregos mal remunerados para o sustento, o que impossibilita ainda mais o pagamento da dívida. A triste ironia é que essa pessoa que tentou estudar está em situação muito mais complicada que o companheiro de trabalho que nunca se interessou por um diploma. Este último não possui a dívida do sonho não realizado.

Entre os que conseguiram completar os estudos e jogar o capelo para o alto, a dor da dívida também incomoda. Se você procurar, vai encontrar gente falando que a universidade foi seu maior erro. São jornalistas que entregam pedidos da Amazon, fisioterapeutas que monitoram festas infantis ou arquitetos que servem comida em restaurantes. Muitas vezes, o que sobra no final do mês não é capaz de pagar os juros da dívida, muito menos a dívida em si.

Empréstimo estudantil é a segunda maior fonte de dívidas das famílias americanas, atrás apenas do empréstimo imobiliário, e a preocupação vai muito além do mundo acadêmico. Uma alta dívida afeta vários outros mercados porque os devedores adiam planos outrora comuns na vida pós-universidade, como casamento, filhos, viagens etc. A economia como um todo perde fôlego. Um estudo de 2016 do Federal Reserve Bank aponta que 45% das pessoas com menos de 35 anos possuem dívidas de graduação a pagar. Você pensaria em casar, ter filhos e viajar com uma dívida de dezenas de milhares de dólares sobre os ombros? Eles também não. Os jovens de hoje estão casando perto dos 30 anos, 5 anos mais tarde que 30 anos atrás. Muitos preferem nem embarcar nessa aventura; metade da população adulta americana está solteira, e uma em cada três pessoas entre 18 e 34 anos mora com os pais.

Aqueles que preferem não arriscar tendem a tomar decisões racionais diferentes das desejadas. A escolha do curso vai sendo cada vez mais dominada por perspectivas de ganho e não por vocação. As faculdades de Direito possuem um papel fundamental no jogo. Tradicionalmente, elas não necessitam de muito investimento por parte da instituição e a procura é sempre alta, combinação perfeita. Isso gera uma grande margem de lucro que pode ser direcionada para os laboratórios de Biologia, estúdios de Jornalismo ou instrumentos de Odontologia. O problema é que o saturado mundo jurídico tem oferecido poucas recompensas para o bacharel, e a taxa de matrícula dessas faculdades vem caindo vertiginosamente. Entre 2004 e 2013, o tombo foi de incríveis 50%. O desinteresse de novos alunos pelo Direito significa que muito do dinheiro que financia outras estruturas das universidades vai minguando, e a bola de neve pode atingir a instituição como um todo. Qual é a única saída? Aumentar a anuidade para os alunos e assim o ciclo se inicia novamente.

O que prejudica o estudante americano também prejudica o estudante estrangeiro que deseja estudar no país. Os EUA ainda recebem o maior número de estudantes estrangeiros – deixando os ingleses em um distante segundo lugar –, mas essa presença já caiu. Segundo o Migration Policy Institute (MPI), do total de pessoas que estudam fora de seu país de origem, 25% estão nos EUA em 2019 – em 2017 eram 28% –, sem esquecer que o número total de estudantes internacionais aumentou 50% no mesmo período. Os chineses formam 32,5% dos estudantes estrangeiros nos Estados Unidos, taxa assustadora considerando que da China vem a mais feroz concorrência pelo domínio da economia mundial. São cerca de 300 mil chineses matriculados por ano. O respeitado físico Michio Kaku adverte sobre a perigosa opção de abastecer a artilharia adversária uma vez que, após a entrega do diploma, os formados estão voltando para seus países para transformar setores essenciais, como a indústria, ciência e tecnologia, enquanto os EUA dormem no ponto. Os brasileiros estão em décimo lugar, com cerca de 13 mil estudantes matriculados. Agora basta fazer a seguinte pergunta: considerando que você conhece alguém que estuda em uma universidade americana, qual é o nível social dessa pessoa? Pois é, isso explica muita coisa.

Devendo cada vez mais e recebendo ofertas de trabalho cada vez menos vantajosas, uma pergunta está na ponta da língua de qualquer americano preocupado com a situação:

QUAL O REAL VALOR DE UM DIPLOMA?

Questionamentos sobre a qualidade da educação dos Estados Unidos não são um fenômeno recente. Em 1983, o famoso estudo "A Nation At Risk" (Uma nação em risco) já chamava atenção ao problema em suas primeiras páginas: "Se uma potência inimiga tivesse tentado impor nos EUA o sistema educacional medíocre que temos hoje, nós teríamos considerado isso uma declaração de guerra". Hoje, o cenário não é diferente, e o professor Andrew Bernstein é enfático: "A educação americana é uma catástrofe". O consenso entre os estudiosos é que o que está cada vez mais caro pode não ser eficaz. Questiona-se cada vez mais o real valor de um diploma e a capacidade de quem o possui. Uma pesquisa de 2010, conduzida pelo sociólogo Richard Arum, concluiu que 36% dos formados não apresentaram evolução nos quesitos pensamento crítico, análise de argumento ou capacidade de comunicação. Um estudo internacional de 2012 mediu a performance de jovens de 23 países em testes de ciências, tecnologia, engenharia e matemática e exibiu os estudantes dos EUA perto da última colocação na média geral. Metaforicamente, diz-se que o que antes era vitamina agora é analgésico, ou seja, o conhecimento não é mais distribuído ao longo dos anos para a formação de um cidadão com poder de raciocínio e argumento, mas entregue de maneira imediata e insipiente com o objetivo de proporcionar uma rápida colocação profissional de prestígio. O tiro parece estar saindo pela culatra: uma pesquisa de longo prazo revelou que boa parte dos diplomados e rapidamente bem-sucedidos não sustentam tal posição ao longo da carreira. Isso porque eles não adquirem os chamados "*soft skills*", uma combinação de habilidades pessoais e sociais que providencia ao profissional os recursos necessários para se adaptar à grande instabilidade dos mercados.

Uma matéria do *Wall Street Journal* de 2013 garante que possuir uma graduação não é o mais importante em um currículo de um candidato a uma vaga para 93% das 318 empresas pesquisadas. Hoje, competências sociais são muitas vezes mais importantes que competências técnicas porque as últimas podem ser instruídas e avaliadas objetivamente, enquanto as primeiras são parte do pacote que compõe o indivíduo e que não se altera facilmente. Quem conta com habilidades interpessoais bem desenvolvidas são chamados de *"new collars"* (novos colarinhos), uma categoria nova que chegou para somar à clássica divisão *white collars* (colarinhos brancos) e *blue collars* (colarinhos azuis), que representam os cargos administrativos e operários respectivamente e que foram assim batizados por conta da cor usual de suas camisas durante o expediente. Os *new collars* não possuem cor de camisa específica, mas conseguem administrar suas carreiras demonstrando paciência, interesse, diplomacia e facilidade de aprendizado. O diploma nesses casos não faz falta. Talento supera *pedigree*. Um levantamento da plataforma profissional Glassdoor de agosto de 2018 anunciou que Google, Apple e IBM não exigiriam mais diploma universitário de seus funcionários. Naquele momento, metade dos contratados da Apple faziam parte do time dos sem-diploma. "Quando o seu fundador não tem uma [formação superior], isso mostra muito do que pessoas sem curso superior são capazes de fazer", afirmou Tim Cook, CEO da Apple, referindo-se ao legendário fundador da empresa, Steve Jobs.

    Uma grande tendência em formar menos pensadores e mais ambiciosos tem sido motivo de discussão. Alguns veem a nova geração encarando a vida universitária apenas como um pedágio para um emprego bem pago. O retorno tradicional desse período da vida – socialização, poder de argumentação, inspiração, divisão de tarefas e até o encontro com o futuro marido ou esposa – tem sido deixado de lado. Em 1971, 73% dos calouros diziam que "desenvolver uma filosofia de vida significativa" no futuro era muito importante enquanto 37% deles preferiam estar "muito bem financeiramente". Em 2011, as coisas mudaram para 47% e 80% respectivamente. Na terra do capitalismo, não há qualquer aversão ao lucro e enriquecimento, mas há uma intensa acusação de que, ao estimular a formação de profissionais ambiciosos e bem-sucedidos, grandes universidades buscam, na verdade, seu próprio bem-estar financeiro. Há uma grande tradição americana em que antigos alunos bem-sucedidos fazem doações polpudas à instituição que estudaram como prova de reconhecimento e gratidão pela condição privilegiada. Isso quer dizer que cada vez mais universidades enxergam seus formandos como futuros doadores. Os filhos desses doadores costumam ter preferência no processo de escolha dos calouros, um processo chamado de "*legacy*" (legado). Cerca de um terço dos calouros de Harvard pertencem a legados. Daniel Markovits, professor de direito da Universidade de Yale, afirma que a meritocracia americana se transformou naquilo que ela foi criada para combater, um mecanismo de transmissão de riqueza e privilégios. O economista Paul Krugman já sabia disso. Seu estudo de 1988 mostrou que os piores alunos do ensino médio que pertenciam às famílias de alta renda – chamados pejorativamente de "*rich dumb kids*" (jovens ricos e burros) – tinham maiores chances de conquistar um diploma de nível superior que os melhores alunos pobres. Krugan concluiu: "Nos Estados Unidos de hoje, a classe social herdada normalmente é determinante para a geração de graduados".

Graduados que buscam unicamente altos salários causam deformações de mercado. Um engenheiro, por exemplo, enxerga uma carreira mais promissora no mercado financeiro do que na engenharia. Sua capacidade de raciocínio lógico é bem-vinda nas finanças e muito bem recompensada. Somente em Harvard, 25% dos formandos atuais partem para o mercado financeiro. Em 1960, eram apenas 4%. Essa tendência foi considerada uma das causas da crise dos imóveis de 2008, tantas vezes citada neste livro. Engenheiros, físicos, matemáticos e outros profissionais das Ciências Exatas são capazes de criar produtos bancários complexos de difícil compreensão. Um produto desconhecido sendo vendido de mão em mão pode conter surpresas imprevisíveis e, no caso de 2008, você já sabe, foram surpresas bem desagradáveis.

Dito tudo isso, é importante frisar que é possível, sim, um estudante ter uma experiência fascinante em uma universidade que vai prepará-lo de maneira adequada para o mercado de trabalho, mas é o próprio estudante que deverá buscar tal preparo. Pesquisar é fundamental, nem sempre a opção mais cara e renomada é a melhor para determinado perfil e objetivo. Quem acredita que o real valor do diploma virá com a simples frequência em uma universidade de prestígio, vai sentir o abandono típico de um pequeno indivíduo diante de uma grande corporação.

## K-12: O FUTURO DAS CRIANÇAS EM JOGO

O chamado K-12 se refere ao sistema de ensino americano em que o aluno frequenta a escola do *Kindergarten* (nosso antigo jardim da infância, da faixa dos 4 aos 6 anos) até o último ano do *High School* (nosso ensino médio). Se tem uma coisa que me impressiona nos EUA são as escolas K-12. Elas são lindas, enormes, exibem uma arquitetura de cair o queixo e até servem de atração turística para quem vem me visitar. Ao passear pela minha região, sempre mostro as escolas aos meus hóspedes e explico por que elas são encaradas como referência para a comunidade.

Um detalhe admirável é que a área de lazer das escolas – quadras esportivas, pista de atletismo, jardins, *playground*, campo de futebol etc. – fica aberta fora do horário de aula para quem quiser aproveitar a estrutura. Existe prova maior da preocupação em servir a comunidade? Outra preocupação é mantê-las em perfeito estado e primar pela qualidade de ensino. É fácil ver faixas e cartazes em que a escola chama a comunidade para encontros nos quais são discutidos assuntos de interesse geral, como investimentos prioritários, currículo escolar, inclusão e tudo mais que possa colaborar para uma relação de harmonia entre pais, alunos e educadores. Eu adoraria falar para você que isso é regra no país, mas estaria mentindo. Há um outro lado que muita gente não conhece e nem quer conhecer. Ninguém passeia pelas regiões mais necessitadas e nem fica sabendo que a realidade das escolas dali não é tão interessante. Por que não há um padrão de qualidade entre as escolas públicas americanas? A resposta está na fonte do dinheiro que as financiam.

O controle das escolas é dos estados. Embora o orçamento da educação seja comparável com o da defesa, apenas 8,5% da verba é de responsabilidade do governo federal. Os estados trabalham com os municípios que, por sua vez, formam distritos escolares, uma subdivisão que agrupa escolas de uma mesma região. A fonte de renda mais comum para financiar as escolas de um distrito escolar é o *Property Tax* – Imposto sobre Propriedade, o correspondente ao IPTU do Brasil. Isso cria uma estreita relação entre o valor desse imposto e a qualidade das escolas na região do imóvel, ou seja, quanto melhor o distrito escolar onde está o imóvel, mais caro será o imposto. Agora vamos pensar, se todos querem uma boa escola para os filhos e a preferência de matrícula é das famílias que moram na região, a procura por imóveis próximos a ela é grande e obviamente o custo de compra e aluguel desses imóveis é mais alto. Resultado: qualquer um pode conseguir uma ótima escola pública para os filhos, mas vai pagar por isso indiretamente ao comprar ou alugar um imóvel na região e também ao pagar um *Property Tax* mais salgado.

O mercado de imóveis fica extremamente aquecido durante as férias escolares. Famílias vão e vêm de acordo com a necessidade escolar dos filhos. São milhares delas que mudam de residência com o único objetivo de buscar uma escola melhor para os jovens, mas outras tantas mudam por não mais conseguir bancar um imóvel em uma região valorizada por suas escolas. Você quer seu filho estudando nas melhores escolas de Palo Alto (Califórnia)? Sem problemas, uma casa padrão da região é toda sua por 3,2 milhões de dólares. Se estiver muito caro, talvez Scarsdale, no estado de Nova York, seja a solução com ótimas escolas e uma média de 1,2 milhão de dólares por uma casa.

O momento atual não é nada animador para entusiastas das escolas públicas, muito menos para professores. Testemunhar a desvalorização do professor no Brasil é tão comum quanto ouvir notícias de corrupção (não por acaso, uma coisa está intimamente ligada à outra), mas ouvir tais relatos nos EUA é algo que muito me impressiona, e ultimamente essa situação estampa uma capa de revista atrás da outra. Parece que aqui há mais um triste caso em que os americanos estão aprendendo a errar como os brasileiros.

Em média, os professores americanos recebem 58.353 dólares por ano, 68% do salário médio de outros profissionais cujas funções exigem curso superior. Segundo o especialista Marc Tucker, enquanto outras potências passaram a tratar os professores como ferramentas fundamentais para o progresso e compensá-los de acordo, os EUA ainda os enxergam como agentes secundários.

Em fevereiro de 2018, no discreto estado de West Virginia, a chama da indignação foi acesa e varreu vários estados do sul do país, com passeatas de professores em busca de salários dignos e melhores condições de trabalho. Quando as manifestações chegaram a Los Angeles, segundo maior distrito escolar do país, ficou claro que a coisa era muito séria. Os professores K-12 estão tentando ganhar no grito algumas compensações após anos de uma política de estagnação salarial e menosprezo à profissão. Dos 3,2 milhões de professores que trabalham em período integral na rede pública, 16% deles são obrigados a encarar um segundo e até terceiro emprego. Você pode encontrar professores limpando janelas, atendendo o público em bilheterias de cinema, operando máquinas pesadas de galpões industriais, fazendo bolos para festas ou qualquer outra coisa que aparecer no horizonte.

A impossibilidade de tratar uma doença ou trocar um carro de 15 anos são situações rotineiras para quem há tempos percebeu que não recebe a atenção que deveria. "Sou apaixonado pela minha profissão, mas não sou apaixonado pelo meu salário, que me obriga a viver na ponta do lápis", afirma Michelle Gibbar, do estado do Arizona, ao jornal *The New York Times*.

A situação de muitas escolas também desagrada. "Eu fiz um financiamento coletivo para comprar 10 *laptops* com todas as teclas para meus alunos aprenderem a digitar em um teclado que funciona", desabafa Kelsey Pavelka, do estado de Nevada, inconformada com a condição dos computadores de sua escola. Kathryn Vaughn, professora de artes no estado do Tennessee, garante ter um orçamento anual de apenas 100 dólares em sua escola. Em Aurora, estado do Colorado, instalações temporárias têm sido usadas indefinidamente há 15 anos. "Os banheiros estão no prédio principal, meus alunos de 8 e 9 anos são obrigados a andar sozinhos a não ser que eu interrompa a aula para levar um grupo ao banheiro", assegura Abby Cillo. Fotos de crianças vestindo pesados casacos dentro de salas de aula em Baltimore viralizaram na internet. O sistema de aquecimento não funcionou durante uma nevasca na região, e a temperatura nas classes chegou próxima à zero.

Do outro lado, escolas particulares vão muito bem, obrigado. Há um grande movimento que acredita na força da competição livre e aberta para escalar o nível de educação do país. O mercado está se aproveitando para surfar nessa onda. O resultado: boas e caras escolas para quem pode pagar. Isso não surpreende, muitas escolas particulares americanas nasceram do desejo de exclusão.

A primeira grande polêmica que tomou conta do mundo K-12 foi a decisão da Suprema Corte, em 1954, de acabar com a segregação racial nas escolas. Você já leu no capítulo "Minorias – o problema da diferença" que não havia qualquer integração entre brancos e negros nos estados sulistas e, de uma hora para outra, colocar crianças de diferentes raças na mesma escola era como acender um fósforo ao lado de um barril de pólvora. Pouco mudou nos primeiros anos porque muitos distritos se recusaram a cumprir a ordem, mas quando o governo federal ameaçou cortar o financiamento de escolas rebeldes e intervir em seu gerenciamento, os supremacistas acharam uma saída ao encorajar a criação de escolas particulares. Tudo em nome da liberdade de escolha. Houve casos de alunos brancos recebendo bolsa de estudo integral do estado para estudar em escola particular. Com o tempo, a segregação racial foi sendo minada e a miscigenação foi tomando conta das escolas públicas, mas aqueles que insistiam na separação das raças encontraram nas escolas particulares o refúgio ideal porque, naturalmente, os negros não eram capazes de pagar as chamadas "*segregation academies*" (academias de segregação).

Uma alternativa que balanceia o papel público e privado apareceu no final dos anos 1980 e hoje tem uma participação significativa no setor, as *Charter Schools*. A falta de tradução é proposital porque é uma tarefa árdua achar um termo equivalente em português. O mais aceito tem sido "Escolas Públicas Independentes", mas vou ficar com o termo original porque essas escolas não são tão públicas nem tão independentes. *Charter Schools* são escolas financiadas pelo governo, mas administradas por grupos particulares. Isso quer dizer que o custeio tem o caráter público que muitos exigem, mas a gerência tem o caráter particular em que muitos confiam.

*Educação • Passado nota 10, futuro incerto*

A ideia, atribuída ao professor ativista Albert Shanker, era criar um sistema de inspiração alemã, em que as escolas seriam administradas por integrantes das comunidades onde elas se encontravam. Seria possível também que outros grupos de interesse comum abrissem uma *Charter School* como associações de pais ou de professores. As *Charter Schools* encontraram apoio bipartidário porque os democratas gostam do financiamento público e os republicanos gostam da administração privada. Assim, essas escolas proliferaram pelos estados, independentemente do partido que os governavam, e ainda houve o caso único da cidade de New Orleans que, após a passagem do furacão Katrina em 2005, reconstruiu suas escolas apostando as fichas nas *Charter Schools*. Elas registravam a respeitável presença de 55% do total de alunos da cidade na primeira década do século XXI. Hoje, as mais de 6.900 *Charter Schools* em todo país abrigam estimados 3,1 milhões de estudantes, número quase três vezes maior que de 10 anos atrás, segundo a National Alliance for Public Charter Schools.

Com tamanho crescimento, grandes corporações rapidamente viram nas *Charter Schools* uma oportunidade de faturar. O que era uma ideia para organizações sem fins lucrativos, está, cada vez mais, virando um ótimo negócio para quem deseja lucro. Estamos falando de conglomerados gigantescos que muitas vezes não tem qualquer experiência no mundo educacional. Aqui é possível testemunhar o mesmo *modus operandi* de qualquer outra empresa que busca o lucro agressivamente: salários baixos, profissionais inexperientes e métodos padronizados. Casos de fraude e má gestão do dinheiro público também não são tão incomuns.

Albert Shanker, decepcionado com a direção tomada pela sua criação, tornou-se um crítico voraz do sistema e aproveitou para expor sua opinião sobre o sistema de ensino dos Estados Unidos como um todo: "O grande problema é que não há um consenso nacional sobre a missão das escolas. A falta de um currículo nacional prejudica a percepção de desnivelamento entre estados, cidades e distritos escolares".

Pode não haver consenso sobre a missão das escolas, mas cada vez mais há consenso de que o excesso de tarefas dos alunos está longe de ser algo positivo. Estudar demais está virando um problema.

## LIÇÕES INFINITAS

Qualquer um se lembra da pressão que sofria dos pais para estudar e apresentar boas notas, mas há uma percepção aqui nos Estados Unidos de que essa pressão está indo longe demais. Muitos garantem que ela está próxima do insuportável e não tem vínculo com aquisição de conhecimento, mas com a economia que isso gera para os pais. Já foi mencionado que boas notas no K-12 aumentam as chances de aceitação e subsídios em universidades de renome. Quem não quer ver o filho estudando nas maiores universidades americanas sem botar a mão no bolso? A caminhada, longa e exaustiva, nem sempre termina bem, mas o indigesto preço a se pagar é garantido.

Desde muito cedo, a pressão sobre muitos estudantes americanos devora sua saúde e compromete uma juventude normal. Cada vez mais – e cada vez mais cedo – os jovens estão sofrendo com enxaqueca, dores de estômago, ansiedade, insônia, depressão, transtornos alimentares e muito mais. Há casos de crianças de 5 ou 6 anos sofrendo de úlcera e, infelizmente, muitos casos de suicídio. O National Institute of Mental Health exibe uma tendência devastadora: o suicídio é a segunda maior causa de mortes de jovens entre 10 e 14 anos. A californiana Devon Marvin, de apenas 13 anos, tinha uma vida absolutamente normal e não apresentava qualquer tendência suicida, mas uma nota baixa de matemática provocou um desespero incontrolável e, em 9 de fevereiro de 2008, a jovem deu cabo à própria vida. A família Marvin experimentou da pior maneira possível aquilo que teóricos descrevem como "*terrific outside, bleeding inside*" (formidáveis por fora, sangrando por dentro), uma expressão que resume o sofrimento de alunos aparentemente saudáveis, mas que comprometem o próprio bem-estar para suportar as demandas sucessivas.

De 1950 a 2010, o número de suicídios de jovens entre 15 a 20 anos dobrou. Entre aqueles abaixo de 15 anos, como Devon Marvin, mais que triplicou. Também dobraram as internações de adolescentes com tendências suicidas nos últimos 10 anos. As tragédias abriram questionamentos sobre o sistema escolar americano, que é descrito pela escritora e documentarista Vicki Abeles como uma corrida para lugar nenhum. Abeles, mãe de três filhos, assustou-se com a morte de Devon Marvin a poucos quilômetros de sua casa e resolveu investigar o mundo da educação dos Estados Unidos. O resultado espanta.

Não é nada fácil encontrar um jovem que não tenha dias inteiros tomados por atividades ligadas à escola. As aulas ocupam a manhã inteira e parte da tarde. As atividades extracurriculares iniciam-se por volta das 15 horas – pode ser a prática de um esporte ou aulas de reforço escolar. Não pense no esporte como atividade de lazer, mas como o caminho para bolsas de estudos e carreira profissional, portanto sujeito ao mesmo ambiente excessivamente competitivo e exigente, como você vai perceber no capítulo "Esporte – paixão e negócio". Muitos jovens só chegam em casa entre 19 e 20 horas para tomar banho, jantar rapidamente e... estudar. A quantidade crescente de lições de casa tem comprometido a harmonia familiar; muitos pais relatam que o jantar de 20 minutos é o único momento do dia em que a família está junta, e não é difícil a conversa se resumir a estudos. Também é comum o estudante dormir pouco para manter as lições em dia. Já é consenso entre especialistas que a privação de sono é uma epidemia entre os jovens americanos. Um de cada três estudantes do ensino médio dorme no máximo seis horas por noite. Época de provas é um teste de nervos a que muitos sucumbem. Plantonistas de hospitais sabem muito bem quando as provas se aproximam, basta reparar no inacreditável vai-e-vem de estudantes sendo medicados e internados. Discussões entre pais exigindo alta de seus filhos e médicos impedindo a liberação pipocam pelos corredores. Entre muitos dos que não são internados, remédios para controlar o déficit de atenção são tão essenciais quanto livros, caderno e caneta. A prescrição de tais medicamentos mais que dobrou em apenas 10 anos, e cerca de 14 mil crianças entre 2 e 3 anos fazem parte da clientela das farmacêuticas.

A jovem Eve deu seu testemunho ao estudioso William Deresiewicz: "Às vezes eu durmo 2 horas por noite durante alguns dias seguidos [...]. Sou apenas uma máquina sem vida nesse momento [...]. Sou um robô folheando os livros e fazendo minhas lições". Amanda, outra jovem estudante, parece ter a exata noção da dura realidade em sua carta-desabafo à Vicki Abeles: "Eu não tenho mais tempo de ser criança". Carolyn resolveu expor sua angústia em um jornal local. "Nós não somos adolescentes, somos corpos sem vida em um sistema que alimenta a competição, o ódio e desencoraja o trabalho em equipe e o aprendizado genuíno. Não temos paixão sincera. Estamos doentes".

Boa parte dos professores reclamam que a escola se transformou em uma fábrica de lições e não há qualquer respeito à individualidade. Os alunos parecem cada vez mais robotizados ao seguir uma rotina que descarta a vocação de cada um, situação que me lembra o videoclipe "Another brick in the wall", da banda Pink Floyd. Erin, estudante californiana do ensino médio, resume muito bem a questão: "Me parece que eles estão tentando nos fazer uma única pessoa".

As toneladas de lições de casa são colocadas em xeque por especialistas. É aquilo que eles chamam de "*1 mile wide, 1 inch deep*" (1 milha de largura, 1 polegada de profundidade), em referência ao conhecimento genérico das matérias, mas sem qualquer discussão mais rica e profunda. O principal argumento desse grupo é o resultado de competições internacionais entre estudantes de vários países. Cada vez mais destacam-se alunos que fazem menos lições extraclasse. Segundo a Organização para Cooperação e Desenvolvimento Econômico, os Estados Unidos ocuparam a 19ª posição em ciências e a 30ª posição em matemática no ano de 2018. Aos americanos, restou voltar para casa invejando seus adversários que estudam menos, não precisam suportar tamanha pressão e ainda conquistaram uma medalha.

Estudiosos têm demonstrado profunda preocupação com o paradoxo da educação dos Estados Unidos. Na ânsia de garantir competidores eficientes contra outras potências mundiais, os EUA caminham na direção contrária delas e ainda não perceberam o erro. A China tem um histórico de educação rígida, mas aprendeu a lição ao perceber que os incontáveis testes e as lições não eram capazes de formar inovadores, e o resultado foi uma grande mudança no sistema educacional que hoje mostra flexibilidade e apoio a criatividade.

Lição de casa é uma tradicional atividade do mundo escolar que, culturalmente, é vista pelos pais como essencial para a formação de um jovem. Porém, o excesso dela está gerando o efeito contrário ao propiciar uma formação humana incompleta e inadequada. Passar o dia inteiro estudando significa não desenvolver amizades, não tomar sorvete na lanchonete da esquina, não ir ao cinema com a irmã, não jogar basquete, não se apaixonar pelo vizinho, não frequentar as festinhas, não desenvolver uma preferência religiosa e não viajar no feriado. Habilidades sociais são massacradas e o confinamento enfraquece o sistema imunológico, que, por sua vez, permite o aparecimento de doenças constantemente. Defensores de uma carga de lições mais leve argumentam que elas não devem alterar a rotina familiar. A Associação Nacional de Educação defende a "regra dos 10 minutos", em que a lição de casa deve durar 10 minutos por dia para cada série que o aluno estuda. 10 minutos diários na primeira série, 50 minutos na quinta série, 70 minutos na sétima série e assim por diante.

Há quem garanta que o chamado bom *stress* está sendo confundido com o *stress* insustentável. Preocupar-se com o horário de chegada do ônibus, sentir-se triste com a morte da avó ou decepcionar-se com uma nota baixa são condições que nos obrigam a ser mais responsáveis, resilientes e determinados, mas ninguém tem dúvidas de que os pais de hoje, desesperados para que seus filhos garantam uma vaga em universidades de renome, não conseguem impor uma linha divisória que separa o saudável do prejudicial. Em uma realidade em que 33 mil candidatos são recusados anualmente pela Universidade de Harvard, a monitoração integral dos pais parece ser a solução, mas está longe disso.

O sociólogo Mitchell Stevens afirma que as famílias americanas mais afluentes entendem as virtudes de seus filhos de acordo com a capacidade de serem admitidos em uma universidade de prestígio. Muitas desenvolvem uma rotina de anos exclusivamente focada nesse objetivo. O bom nunca é bom suficiente, e um diploma de uma instituição que não brilha os olhos simplesmente não interessa. Esses pais são a perfeita ilustração do que chamam de "Síndrome Harvard ou Walmart". Eles não enxergam o meio termo entre pessoas muito bem-sucedidas e outras em extrema dificuldade, por isso há a impressão de que, se o filho não se formar em Harvard, vai acabar trabalhando no Walmart, recebendo um salário mínimo.

Dedicação integral às lições da escola não parece ser suficiente, e assim uma indústria gigantesca se formou para garantir uma universidade de prestígio aos filhos: professores particulares, cursos preparatórios, tutores de redação, consultores de candidatura etc. Não é de se admirar que os jovens mais abastados – aqueles capazes de dispor desses serviços – apresentam as maiores taxas de ansiedade, infelicidade, depressão e abuso de substâncias químicas. Nada menos que 22% de adolescentes do sexo feminino sofrem de grave depressão e a ansiedade atinge um terço dos adolescentes de acordo com o Instituto de Saúde Mental dos Estados Unidos. "A ironia aqui é que todo esse foco no alto desempenho dos jovens pode resultar no extremo oposto porque eles não estão desenvolvendo habilidades que serão essenciais para o sucesso", afirma o psicólogo Daniel Kahneman, autor do best-seller *Rápido e devagar: duas formas de pensar*.

De fato, professores universitários têm relatado um novo perfil entre os calouros: são avessos ao risco, às novas ideias e aos caminhos alternativos que tantas vezes foram o embrião de uma revolução. O renomado Instituto de Tecnologia de Massachusetts percebeu o problema e viu-se obrigado a oferecer aulas para que os alunos pensem "fora da caixa". São desafios que demandam o uso da intuição, sensibilidade, astúcia, lógica, criatividade e argumentação, algo que seus pais e avós aprendiam naturalmente quando jogavam beisebol, conversavam sobre os filmes em cartaz ou faziam um bolo nos finais de semana de uma vida "normal". A Universidade de Stanford ataca o problema patrocinando o Resilience Project (Projeto Resiliência), em que exibe vídeos de professores, estudantes e ex-alunos falando de suas próprias falhas e por que elas foram importantes.

Para completar o drama, programas públicos para avaliar o nível de conhecimento dos estudantes e a eficiência das escolas causaram ainda mais exaustão. O governo de George W. Bush criou o No Child Left Behind (Nenhuma Criança Deixada Para Trás). O NCLB previa exames anuais padronizados entre os estados para jovens da terceira à oitava série. As escolas com melhores resultados receberiam mais fundos do governo federal, ao passo que aquelas com resultados insuficientes deveriam passar por um plano de reestruturação. O que aconteceu? Muitas escolas não se preocuparam mais com a formação dos alunos, apenas com o resultado dos testes. Algumas matérias tiveram a carga horária drasticamente reduzida ou foram eliminadas porque não tinham grande peso nos exames.

O programa de educação do governo Barack Obama, Race To The Top (Corrida ao Topo), continha muitas medidas em comum com o legado de George W. Bush, mas além de manter o sistema de premiação através de dinheiro público (com alguns critérios diferenciados), o RTTT também estimulou a criação de mais *Charter Schools*, algo que não se esperava do Partido Democrata, que abriga muitos defensores das escolas públicas.

A soma do No Child Left Behind e Race To The Top resultou na geração mais testada da história dos Estados Unidos. Além do óbvio problema de tomar um tempo precioso, o excesso de testes provoca um *stress* ainda maior no já estressado ambiente estudantil. Cansados de tantos testes, diversos estudantes em todo o país protestaram fantasiados de zumbis. "Esses testes estão roubando nossas vidas", declarou um estudante de Rhode Island. "Professores são forçados a ensinar visando apenas aos testes, e isso limita o que podemos aprender na sala de aula", completou outra estudante de Illinois. No Colorado, crianças exibiam cartazes onde se lia *"Testing Kills Brain"* (Exames matam o cérebro).

Na terra dos processos judiciais por qualquer motivo, uma educadora afirma que não vai se surpreender se, em um futuro próximo, filhos processarem seus pais por terem roubado suas infâncias.

A SOPA DE LETRINHAS QUE DEFINE SEU FUTURO

Ainda não inventaram coisa mais misteriosa que o processo de seleção de uma universidade americana de renome. Essa caixa preta é um enigma confinado nos inalcançáveis corredores da diretoria de cada instituição, mas o pouco que se sabe diz respeito aos critérios técnicos, aqueles que levam em conta o histórico do candidato. Fique à vontade para chamar esses critérios de sopa de letrinhas.

Vamos lá. O número que determina a performance do aluno no ensino médio é chamado de *Grade Point Average* (GPA), a média das notas de cada matéria que, somadas e divididas pelo número dessas matérias, dão origem a uma média final. O GPA vai de 0 a 4 na escala mais tradicional. Em 1960, a média do GPA entre os estudantes do ensino médio era 2,5; em 1990, o número saltou para 3,1 e em 2007 foi para 3,3. Diferentemente do que acontece no Brasil, essa nota é muito importante para que o jovem seja aceito nas boas universidades americanas. Isso quer dizer que o GPA médio de hoje significava vaga garantida nas melhores universidades em 1960, mas atualmente é o número mínimo para que o aluno tenha alguma chance para essa mesma vaga. Conclusão, o histórico de notas de antigos alunos que ajudaram as universidades a construir a fama que possuem hoje não é mais aceito para futuros alunos.

O que já é complicado por si só fica ainda mais difícil com o chamado *Advanced Placement* (AP – Colocação Avançada). A ideia nasceu nos anos 1950 para cobrir uma desconexão entre o conteúdo do ensino médio e o do ensino superior. Com a introdução das aulas AP, os alunos passaram a ter a oportunidade de conhecer parte do conteúdo universitário já no ensino médio. Com o tempo, cada vez mais estudantes começaram a frequentar as aulas AP das matérias pertinentes ao curso que pretendiam fazer na universidade. Hoje em dia, isso é praticamente obrigatório, e as grandes instituições de ensino superior exigem alguns APs de seus candidatos. Além disso, o AP também determina o real preparo do estudante por meio de um exame para cada matéria cursada e, em alguns casos, permite créditos na universidade. Assim, o tempo preenchido na sala de aula do ensino médio com os APs pode contar para a futura universidade.

Isso tudo quer dizer que, fazendo algumas das 38 matérias de AP, o estudante do ensino médio tem a vantagem de conhecer o mundo universitário com antecedência, aumentar suas chances de ser aceito em uma grande universidade e pegar atalhos para o diploma da universidade economizando tempo e dinheiro. Sem dúvida uma ótima ideia, mas com um preço a se pagar. Nos anos 1980, três APs eram suficientes para o estudante ser aceito em uma universidade de prestígio, hoje é comum um jovem ter até oito APs e ainda correr o risco de não ser aceito.

Completando a sopa de letrinhas, os alunos do ensino médio ainda devem se preocupar com o SAT, o exame que serve de critério para aceitação dos candidatos na maioria das universidades. Quanto maior o número de candidatos para uma determinada universidade, maior a nota de corte do SAT. Algumas universidades preferem adotar o ACT, mas a lógica é a mesma.

Seria ótimo se a coisa parasse por aí, mas problema mesmo são os critérios subjetivos que impedem os melhores estudantes de terem plena certeza de aceitação nas melhores universidades, afinal esses critérios são... subjetivos. Os asiáticos que o digam.

Os asiáticos são mestres na excelência acadêmica, por isso é muito natural pensar que eles são aceitos facilmente nas universidades mais concorridas. Não é bem assim que funciona na prática. Em uma tentativa de promover a diversidade em seus *campi*, muitas universidades reservam cotas para várias raças e etnias. O resultado é previsível, alguns que seriam aceitos por mérito estão sendo preteridos por outros que se beneficiam com as cotas. Os asiáticos estão pagando essa conta e decidiram entrar na justiça em 2018 contra a sagrada Universidade de Harvard por discriminação em seu processo de seleção. A Harvard, por sua vez, nega a prática discriminatória e conta com o suporte de outras universidades extremamente influentes. O resultado a gente já sabe, a batalha jamais terá um vencedor. Caso as universidades mantenham as cotas, serão taxadas de injustas por não convocarem muitos que se destacaram na vida acadêmica com altíssimas notas; caso abandonem as cotas, elas serão vistas como redutos segregacionistas e homogêneos.

O que ninguém nega é a enorme falta de transparência do processo de admissão, apesar da intensa pressão para reverter esse quadro. Uma coisa é clara, nota não é suficiente. Como se não bastasse a necessidade de estudar incessantemente, o candidato deve torcer para que seu histórico cultural, étnico e racial esteja dentro dos critérios subjetivos que poucos conhecem. Não está fácil para ninguém.

ESPORTE
# PAIXÃO
# E NEGÓCIO

Esporte nos Estados Unidos é coisa séria e vai muito além do entretenimento. Esporte aqui é negócio. Embora as ligas brasileiras de vôlei e basquete tenham algumas semelhanças com o sistema americano, a comparação aqui será sempre com o

futebol porque essa é a única modalidade capaz de movimentar quantias milionárias no Brasil. A primeira coisa que você precisa entender é que os times são empresas que possuem proprietários, investidores, acionistas (em alguns casos) e metas de faturamento, e aí começa a grande diferença em relação ao Brasil, onde os times são associações civis sem fins lucrativos.

Não há qualquer impedimento, nos EUA, para que o time seja vendido, mude de cidade ou tenha falência decretada. Comissão técnica e jogadores são funcionários que serão cobrados pelo seu rendimento como em qualquer outra empresa. A diferença da cobrança brasileira é a motivação. No Brasil, ela parte da torcida, que quer ver o time ganhar campeonatos, enquanto nos EUA a cobrança vem de investidores, que esperam retorno financeiro. Títulos são importantes sim, mas a admiração maior vem da capacidade do time fazer dinheiro. Nem sempre o maior vencedor oferece os melhores dividendos. Torcedores não perdem tempo protestando na sede do time, exigindo a saída do técnico ou invadindo o campo porque sabem que os maiores interessados no sucesso da equipe são aqueles cujos ganhos dependem de seu faturamento.

O futebol brasileiro tem visto algumas iniciativas similares, mas o cenário não indica mudanças tão radicais no curto prazo. O caso Palmeiras/Parmalat nos anos 1990 é o mais bem-sucedido no que diz respeito a uma administração profissional sem vínculos afetivos. A torcida vibrava com cada contratação de estrelas do porte de Edmundo e Roberto Carlos e os títulos apareceram, mas as acusações de interferências sobre as tradições do clube mostraram que a administração profissional de uma equipe ainda encontra muita resistência no Brasil, quando é uma regra nos EUA.

A grande vantagem do sistema brasileiro é a integração maior entre torcedores e clube. Existe identificação e paixão, a torcida é parte integrante do time. O problema é que a paixão é o motor da violência. Brigas entre torcidas são comuns nos estádios porque na mesma proporção que se ama o próprio time se odeia o time adversário. A paixão também não ajuda nos negócios. Dirigentes brasileiros são, acima de tudo, torcedores e nem sempre tomam decisões racionais.

No sistema americano há uma distância maior entre time e torcida. Aos olhos da diretoria de um time, os torcedores são uma importante fonte de renda. Torcer pelo time e frequentar os jogos é bom, mas comprar os produtos licenciados é melhor. Não por acaso, os times são chamados de *franchises* (franquias). O ponto positivo é um profissionalismo mais elevado em que não há lugares para amadores, incompetentes ou cabides de emprego. Além disso, um ambiente esportivo mais alinhado com o mundo corporativo não alimenta o ódio à concorrência. Adversários são adversários, não inimigos, e não há graves incidentes entre torcedores de times rivais, assim como não há segregação entre as torcidas nos estádios ou ginásios. Torcedores de times diferentes sentam-se lado a lado. A violência é praticamente inexistente, e o dinheiro é visto como parte do jogo. Assim como todos nós podemos trocar de emprego para receber um salário maior, os esportistas também têm esse direito. Claro que ninguém gosta de perder um grande jogador e críticas aparecem durante as transferências, mas dinheiro raramente é o motivo da ira. É mais provável que o torcedor critique os diretores por não terem oferecido uma compensação maior para o jogador ficar.

O modo americano é infinitamente mais eficiente do ponto de vista comercial porque não existe estabilidade, acomodação ou falsas promessas. Se investimentos são feitos, os resultados devem aparecer. Isso garante o altíssimo nível das ligas, e a distância entre o melhor e o pior não é tão descomunal como no Brasil. Ao contrário do nosso futebol, nos EUA não há divisões de acesso ou rebaixamento nas grandes ligas. Os times que fazem parte delas estarão sempre lá, salvo algumas situações específicas. Em alguns momentos, as ligas abrem uma ou duas vagas para novos candidatos ao seleto grupo, mas a espera pode ser longa. Para o empresário interessado em faturar nesse mundo, é mais fácil comprar um time que tem a vaga na liga garantida. E isso acontece com uma frequência razoável.

As quatro modalidades esportivas mais populares do país formam o grupo chamado *Top 4*. Cada modalidade – futebol americano, basquete, beisebol e hóquei – conta com uma grande liga que serve como referência para as outras menores. Por serem grandes, ricas e poderosas, essas ligas determinam regras que são adotadas em qualquer outra competição no país e, muitas vezes, no mundo. Por ordem de faturamento, essas ligas são as seguintes: NFL (*National Football League* – Liga Nacional de Futebol Americano), NBA (*National Basketball Association* – Associação Nacional de Basquete), MLB (*Major League Baseball* – Liga Profissional de Beisebol) e NHL (*National Hockey League* – Liga Nacional de Hóquei).

Essas ligas são formadas por ligas regionais. As regras variam, mas, em comum, determinam que os mais bem colocados nas ligas regionais avancem para os *playoffs* (fase eliminatória), e os vencedores dessa fase disputem as finais. Para ficar mais fácil o entendimento, imagine a LBF (Liga Brasileira de Futebol). Ela seria formada por cinco ligas menores de acordo com as regiões do Brasil: Liga de Futebol do Sul, Liga de Futebol do Sudeste, Liga Nordestina de Futebol, Associação de Futebol do Centro-Oeste e Liga de Futebol do Norte. Cada uma dessas ligas composta por times da região, com os três primeiros colocados de cada uma delas mais o melhor entre os quartos colocados fazendo as oitavas de final e os vencedores avançando até as finais. Com algumas variações de acordo com a modalidade, é isso que acontece por aqui.

Você já sabe que times são empresas, certo? Bem, nem sempre as empresas tomam decisões que agradam os consumidores. Às vezes, aquela casa que você deseja comprar possui uma cozinha pequena, o tênis que você gosta não tem a cor ideal ou o carro dos seus sonhos saiu de linha. Os times aqui também fazem manobras que decepcionam os torcedores, mas nenhuma é tão radical como a mudança da sede para outra cidade.

A mudança de um time não é algo que acontece todo ano, mas também não é raro. De uma hora para outra, a torcida pode ver o time sair da região sem a menor cerimônia. Basta trocar a cidade que integra o nome do time e fim de papo. Você já imaginou o São Paulo Futebol Clube mudar para Alagoas e passar a se chamar Maceió Futebol Clube? Que tal o Clube Atlético Mineiro se fixar em Santa Catarina e virar Clube Atlético Catarinense? Ou o Fluminense Football Club se transformar em Gaúcho Football Club após a mudança para Porto Alegre? Pois aqui isso acontece. Veja alguns exemplos.

No futebol americano, o St. Louis Cardinals partiu para Phoenix, em 1988, e virou Arizona Cardinals. Pouco antes, o Baltimore Colts havia se transformado em Indianapolis Colts. O atual Washington Redskins já foi Boston Redskins. No basquete, o Los Angeles Lakers um dia foi Minneapolis Lakers, Houston Rockets até 1971 era San Diego Rockets e já houve até mudança de país quando o Vancouver Grizzlies do Canadá se mudou para os EUA e virou Memphis Grizzlies. No beisebol, o Atlanta Braves nasceu em Boston e passou por Milwaukee antes de se fixar na capital do estado da Geórgia. Dois times de Nova York, Brooklyn Dodgers e New York Giants, mudaram-se para a Califórnia e hoje alimentam uma rivalidade na costa oeste como Los Angeles Dodgers e San Francisco Giants. Percebeu que o nome do time é uma marca e a cidade (ou estado) descrita no nome é apenas a identificação de onde o time se baseia no momento?

Os motivos das mudanças, logicamente, envolvem questões financeiras. Um time competitivo movimenta muito dinheiro e a cidade abocanha uma boa parte da quantia. Os proprietários sabem disso e esperam algo em troca das autoridades políticas, como um terreno para construção de estádio, incentivos fiscais ou um reforço no caixa para contratar um jogador de destaque. Quando isso não acontece, o chefe começa a negociar com governadores e prefeitos de todo o país em busca de um negócio mais atraente. Não é raro um time ter milhares de torcedores distantes. Eu conheço gente aqui em Nova York que torce para o Los Angeles Dodgers porque cresceu assistindo o time na época em que ele era Brooklyn Dodgers.

Também comum é a situação em que a sede do time não se localiza exatamente na cidade exibida em seu nome. Morar nas grandes cidades não é caro apenas para os moradores, mas para os times também. O problema é que o nome de uma cidade pequena não tem tanto apelo comercial quanto o de uma metrópole. A solução é carregar o nome de uma grande cidade e se estabelecer nas redondezas. O Dallas Cowboys, por exemplo, não está sediado em Dallas, o Detroit Pistons também não está em Detroit e o San

Francisco 49ers está a 70 km de San Francisco. O caso dos times de futebol americano de Nova York é mais interessante: tanto o New York Giants como o New York Jets sequer estão no estado de Nova York, mas no vizinho Nova Jersey.

## O LONGO CAMINHO DE UM ATLETA

A formação de um atleta de ponta nos EUA começa ao menos uma década antes de sua estreia em uma grande liga. A grande diferença do sistema brasileiro é que escolas e universidades são os principais passaportes para alguém se tornar um atleta profissional. Esporte e estudos andam lado a lado por muitos anos.

Se a criança demonstrar talento, ela provavelmente fará parte do time da escola ou do bairro. O próximo passo é o *High School*. Durante os anos do ensino médio, o estudante-atleta cumpre uma árdua jornada dupla onde estudos e treinos ocupam 50, 60 horas semanais ou mais. Qualquer tempo livre é uma oportunidade para treinar, discutir táticas ou assistir a vídeos de jogos. Vitaminas e energéticos são parte da dieta e contusões são constantes. Finais de semana e feriados longe da família por conta de jogos em outros estados são ossos do ofício obrigatórios.

É fácil encontrar pais que acompanham cada minuto da vida esportiva dos filhos e chegam a pagar 100 dólares/hora por técnicos e preparadores físicos particulares. Esses pais sentam-se invariavelmente na primeira fila para assistir aos jogos e a pressão sobre o treinador é constante. Não faltam casos de gente pressionando a direção da escola para dispensar o técnico da equipe. Muitos até param de trabalhar e dispensam atenção total à carreira dos filhos.

O período das férias de verão é o momento em que todos devotam maior atenção. Os times viajam por todo o país para participar de campeonatos, palestras, encontros e interação com jogadores profissionais. Famílias inteiras tentam adaptar seus compromissos para viajar com seus atletas e não perder a chance de passar ao menos um tempo das férias juntos. Nem todas têm essa condição, e quem fica em casa é obrigado a aceitar a distância em um período do ano que foi criado para promover a união familiar. Esse também é o momento de fazer uma importante rede de contatos porque patrocinadores e técnicos universitários acompanham os jogos para identificar os talentos mais promissores. Nike e Adidas organizam alguns dos campeonatos em um ambiente que muitos chamam de "*shoe war*" (guerra dos tênis). Quem se destaca nas ligas escolares recebe ofertas de bolsa de estudos em universidades e a chance de jogar nas populares ligas universitárias enquanto estudam sem custos.

As ligas universitárias possuem três divisões: as universidades *Division 1* (D1 – Primeira Divisão) são as mais disputadas porque, além de possuírem maior reputação e melhor estrutura, oferecem bolsas de estudo total ou parcial e participam das ligas mais conceituadas que movimentam juntas mais de 8 bilhões de dólares. Já as universidades *Division 2* (D2 – Segunda Divisão) também podem oferecer bolsas integrais, mas as bolsas parciais são mais comuns. As ligas aqui também são extremamente populares e muitos atletas de nível D1 escolhem uma instituição D2 porque ela oferece um melhor pacote de acordo com o curso pretendido pelo bolsista e a cobertura da bolsa oferecida. As universidades *Division 3* (D3 – Terceira Divisão) em geral são pequenas, privadas e não oferecem bolsas de estudos. A ideia aqui é participar das ligas universitárias pelo amor ao esporte.

Essas ligas são tecnicamente amadoras, mas de amadoras elas não têm nada. A poderosa *National Collegiate Athletic Association* (NCAA – Associação Atlética Universitária Nacional), organiza os campeonatos com a participação de 400 mil atletas por ano, representando 1.200 instituições de ensino, e conta com faturamento anual próximo a 800 milhões de dólares. Vários jogos são transmitidos pela TV e os patrocinadores incluem Coca-Cola, AT&T, Nissan, LG e Unilever. Tudo aqui impressiona. Estádios e ginásios de primeira linha, academias de ginástica modernas, vestiários, refeitórios, ambulatórios médicos, lojas de produtos licenciados e tudo mais que você imaginar em um nível que faz inveja a vários times da série A do nosso futebol. Muitas universidades contam com patrocinadores próprios e garantem ter mais torcedores que alguns times das ligas profissionais. É fácil perceber o fanatismo da torcida e a importância dos jogos para a economia das cidades. Veja o exemplo curioso da Universidade de Nebraska. Quando seu time de futebol americano joga em casa, é comum a presença de 80 mil pessoas, número maior que a população da cidade onde acontecem os jogos. Somente em 2012, 13 times universitários faturaram mais de 100 milhões de dólares. Aí começa o problema.

Vários atletas ponderam que têm direito a uma participação no faturamento, afinal são as estrelas do *show* que rende os milhões. Além disso, argumentam que ninguém pensa em confiscar os ganhos dos 14 milhões de estudantes universitários que também trabalham, por que com um esportista é diferente? A NCAA entende que estudantes não são funcionários, por isso não há motivos para pagá-los. Também consideram que a bolsa de estudo é um benefício justo que eles recebem por jogarem nos times (mas é bom lembrar que nem todo estudante-atleta recebe bolsa de estudo). Além de não receberem salário, os estudantes-atletas não podem receber qualquer dinheiro por conta dessa condição. Escrever livro, vender camisa autografada ou cobrar por uma foto é terminantemente proibido. A NCAA possui um código de comportamento rígido de 400 páginas que deve ser seguido à risca e seu descumprimento pode resultar em expulsão. Tem advogado por aí dizendo que um *serial killer* tem mais direitos legais que um atleta da NCAA. Para fugir dessa situação, resta partir para a próxima fase: as ligas profissionais.

O processo de seleção dos times profissionais – chamado *draft* – prima pela coerência. Cada liga possui regras específicas, mas, em comum, existe a necessidade de estabelecer uma ordem de escolha para garantir o equilíbrio da temporada. A ordem é inversa à posição dos times na temporada anterior onde o último colocado escolhe primeiro e o campeão escolhe por último. Cada time faz uma escolha (*pick*) por rodada (*round*). A NFL e a NHL possuem sete rodadas, na NBA são apenas duas e a MLB conta com incríveis quarenta. No caso do basquete e do hóquei, as ligas decidiram incluir um sorteio que pode mudar algumas posições na fila para evitar que times percam jogos propositadamente para ter preferência na escolha do ano seguinte.

Mais um detalhe: os times são autorizados a negociar suas posições na fila; uma equipe que está nas últimas posições pode oferecer dinheiro ou jogadores para outra que tem prioridade na escolha. A cada novo jogador contratado é atribuído o número da rodada e a ordem que ele foi escolhido. Por exemplo, o jogador *round* 3, *pick* 5, foi o quinto jogador escolhido na terceira rodada. Quanto mais baixos esses números, maior a expectativa sobre o atleta porque, teoricamente, os melhores são contratados primeiro, mas surpresas acontecem. Alguns são escolhidos rapidamente e não vingam (os chamados "*draft busts*"), outros precisam esperar para serem chamados e acabam se destacando, caso do astro do futebol americano Tom Brady, marido de Gisele Bündchen e considerado a maior barganha da história da NFL. Pode acontecer de um jogador sem destaque ser escolhido antes do craque porque cumpre um perfil que se encaixa perfeitamente com a necessidade do time. Caso o jogador escolhido não aceite a proposta, o time escolhe outro para negociar e o jogador liberado passa a negociar com outra equipe.

Todo esse processo é um evento ansiosamente aguardado pelos fãs das modalidades *Top 4*. Analistas esportivos passam semanas especulando as possíveis escolhas de cada time e há uma intensa cobertura da imprensa durante o desenrolar das negociações. Os escolhidos entram para o seleto grupo das estrelas do esporte profissional, o que proporciona fama e riqueza em doses cavalares. Infelizmente, as chances de chegar lá são muito pequenas.

Em 2013, por exemplo, apenas 1,25% dos jogadores universitários chegaram à NFL. O basquete foi menos generoso ainda, 0,2% deles alcançaram a NBA. Para cada nova estrela que surge nas ligas, milhares ficam no meio do caminho e, pior, se veem com poucas perspectivas da noite para o dia. As incontáveis horas dedicadas aos treinos não vão ajudar muito na procura por um emprego. O estudante-atleta adquire o diploma sem a mesma capacidade dos outros estudantes que se prepararam melhor para o mercado de trabalho durante os anos universitários. Mais grave ainda é quando o atleta não alcança as ligas nem o diploma. Com tantos compromissos, alguns não conseguem a média de notas mínima para manter a bolsa de estudos e, sem dinheiro, são obrigados a abandonar as aulas. Em 2002, a taxa de conclusão de graduação dos estudantes-atletas era de 74%, segundo a própria NCAA. Reformas foram implementadas para que não fosse tão sacrificante conciliar treinos e estudos e hoje a porcentagem de graduados está na casa dos 88%. Um grande alívio, mas ainda um problema para os 12% restantes. Se a perspectiva com diploma pode não ser animadora, ficar sem o canudo pode ser catastrófico.

## FÁBRICA DE DINHEIRO

A média de público dos jogos nos EUA e Brasil me permite fazer uma comparação interessante. A NFL registrou média de 67.042 pagantes em 2018 e o beisebol ficou com a média de 30.042 no ano anterior. São números respeitáveis perto da média pífia de 18.821 pagantes do Campeonato Brasileiro de 2018, mas não podemos esquecer que tanto o beisebol quanto o futebol americano são jogados em estádios. O vexame é maior quando percebemos que a média de público da NBA e da NHL gira em torno de 18 mil pagantes. Só para lembrar, partidas de basquete e hóquei são realizadas em ginásios muito menores que estádios de futebol. Percebeu a disparidade?

A maior fonte de renda das ligas esportivas americanas são os direitos de transmissão pagos pelas emissoras de TV. Os direitos da NFL custam a bagatela de 7 bilhões de dólares. O basquete é mais acessível, 2,6 bilhões, o beisebol começa a ficar interessante por 1,5 bilhão e o hóquei é uma verdadeira pechincha, 600 milhões. A força do esporte é tanta que um canal especializado foi um dos pioneiros entre as TVs por assinatura para grandes audiências.

A ESPN chegou em 1979 para que o americano pudesse, enfim, assumir seu fanatismo e passar horas em frente à TV assistindo exclusivamente a eventos esportivos. Não que a emissora tenha começado com o suprassumo das ligas, mas, para o verdadeiro fanático, qualquer coisa entre o Campeonato Tailandês de Karatê e a final olímpica dos 100 metros rasos está bom. Na verdade, o início da ESPN estava bem mais próximo do primeiro exemplo. Todo evento interessava para justificar as 24 horas de transmissão esportiva. Além disso, era possível ver dezenas de vezes a reprise daquela semifinal do Campeonato de Bocha do Japão após a transmissão ao vivo. Sem dinheiro, a ESPN ficava longe das principais ligas esportivas do país, mas isso não impediu que, apenas quatro anos após seu início, a emissora já pudesse comemorar uma audiência maior que da gigante HBO e da respeitável CNN. A rede ABC não perdeu tempo e comprou a ESPN em 1984, permitindo um crescimento exponencial que abriu as portas para alguns outros canais com a marca ESPN, emissoras de rádio, uma revista e uma expansão internacional abrangendo mais de 200 países. A essa altura, o assinante já podia tomar sua cerveja no domingo assistindo um jogo das grandes ligas pela emissora, sinal de imenso prestígio e condição financeira respeitável. Em 1995, o grupo ABC foi comprado pela Disney por 19 bilhões de dólares e, em 2016, a emissora estava presente em 78% dos lares americanos com pelo menos um aparelho de TV, cerca de 91 milhões de residências. Hoje, com pouco mais de 80 milhões de assinantes, o grupo enfrenta o fenômeno dos *cable cutters* (cortadores de cabo – aqueles que estão trocando as TVs por assinatura pelos serviços de *streaming*), uma briga de gigantes imprevisível. Ninguém duvida do apelo do *streaming*, mas ninguém é capaz de menosprezar a força da marca ESPN. Se o mercado das TVs por assinatura ainda não sucumbiu, boa parte se deve à ESPN.

## MILIONÁRIOS E FALIDOS

Não é difícil imaginar o tanto de dinheiro que um jogador das principais ligas é capaz de receber. Caso você não tenha ideia, pode palpitar alguns milhões de dólares anuais para jogadores médios e dezenas de milhões para os astros e você não deve ficar longe. Junto com os milhões, chegam os problemas e o maior deles é a falta de informação. Poucos entendem que, do montante bruto, algo como 35% será pago em impostos. Os agentes ficam com cerca de 4% do valor do contrato e até 25% dos valores recebidos com marketing e licenciamento. Um contador vai cobrar entre 3% e 5% para colocar as contas em ordem. Quando um jogador desavisado percebe que o valor que cai na sua conta chega perto de 50% daquele que está no contrato, pode ser tarde demais. Muitos já compraram mansão, Ferrari, colar de diamantes, terreno na Jamaica, tigres africanos, esculturas de aborígenes, casaco de *vison* e, claro, aquela TV 50 polegadas para o amigo de infância que não teve a mesma sorte na vida. Abrir um lava-jato, restaurante ou concessionária de veículos é quase imperativo, assim como é quase certa a chance do negócio, frequentemente gerenciado pelo primo, dar errado. Poucos se dão conta da curtíssima duração da carreira de um atleta. Em média, a carreira de jogadores de basquete, hóquei e beisebol dura cerca de cinco anos e do futebol americano em torno de 3,5 anos.

Assim como os jogadores de futebol do Brasil, os atletas, em sua maioria, vêm de famílias pobres e começam a luta por um lugar ao sol muito jovens. Essa combinação é frequentemente problemática pela falta de preparo com a qual os jogadores entram na nova vida. No futebol americano, nada menos que 78% dos jogadores vão à falência em até cinco anos após a aposentadoria. No basquete, o número é menor, mas ainda impressiona, 60%. Não falta história embaraçosa causando vergonha alheia.

O astro do beisebol Curt Schilling venceu a temporada 2004 pelo Boston Red Sox. Sua conquista foi ainda mais consagradora por conta de uma imagem que mostrava sua meia banhada de sangue, consequência de um tendão rompido e símbolo do enorme sacrifício do atleta pelo time. A meia ficou tão famosa que foi parar no Baseball Hall of Fame. Anos depois, Schilling se viu impelido a pedir a meia de volta para leiloá-la. Estava falido. Robert Swift, jogador de basquete que passou pelo antigo Seattle SuperSonics, foi despejado de sua mansão escoltado pela polícia após o imóvel ter sido revendido pelo banco para o qual o jogador devia uma pequena fortuna. No futebol americano, Travis Henry conseguiu a proeza de ter nove filhos com nove mulheres diferentes. Resultado: quebrou, parou de pagar pensão e terminou na cadeia. No hóquei, muitos jogadores foram vítimas de um golpe envolvendo o investidor Phil Kenner. O dinheiro investido pelos atletas no fundo administrado por Kenner deveria ser usado para a construção de hotéis, campos de golfe e condomínios, mas o investidor preferiu embolsar o montante e os tais empreendimentos jamais saíram do papel. O prejuízo calculado foi de 30 milhões de dólares.

Esse pacote composto por estilo de vida perdulário, escândalos, vícios, decisões infelizes e a falsa sensação de dinheiro eterno cobram um preço alto que nem o milionário salário é capaz de pagar. As ligas tentam amenizar o problema ao providenciar assistência financeira, mas pouco resolve. Como você já percebeu, se inventassem o troféu "Falidos do Ano", haveria muitos vencedores por temporada.

## FUTEBOL AMERICANO, O MAIS POPULAR

O futebol americano é o esporte mais popular dos Estados Unidos e muito dessa popularidade se deve ao casamento perfeito com a televisão. Parece que o futebol americano foi feito para a TV. Em primeiro lugar, a temporada acontece no outono e inverno. Quem gosta de abandonar uma casa quentinha com um jogo na TV para enfrentar o frio do hemisfério norte? E por mais interessante que seja assistir a um jogo ao vivo, as jogadas acontecem sempre longe do público, o que nos impede de reparar alguns detalhes. Tudo é muito grandioso e somente as lentes das emissoras de TV são capazes de captar um movimento mais sutil que pode ter determinado o sucesso ou fracasso de uma jogada.

A *National Football League* (NFL – Liga Nacional de Futebol) é a liga principal da modalidade formada por duas ligas menores, a *National Football Conference* (NFC – Conferência Nacional de Futebol) e a *American Football Conference* (AFC – Conferência Americana de Futebol). Cada uma dessas duas ligas é constituída por 16 times e cada time joga em apenas 16 rodadas na primeira fase, sendo domingo, segunda-feira e quinta-feira os dias usuais dos jogos. Por causa da curta duração das temporadas, cada jogo tem grande importância e a audiência dos jogos nunca decepciona, mas nada chega perto da final, um evento à parte.

## O ESPETÁCULO DO SUPER BOWL

O Super Bowl é o jogo final da NFL, um evento capaz de parar o país. A única comparação viável com um evento esportivo do Brasil seria uma final de Copa do Mundo com a participação da seleção canarinho. As maiores audiências da história da TV norte-americana pertencem ao Super Bowl. O recorde é da final de 2015, quando pouco menos de 120 milhões de aparelhos estavam sintonizados no jogo entre New England Patriots e Seattle Seahawks. As festas temáticas no dia do Super Bowl superam em público até as festas de virada de ano, por isso o evento é chamado de "a grande festa americana". O grande diferencial é que o Super Bowl é uma final única enquanto que nas outras modalidades *Top 4* o campeão deve vencer quatro de sete jogos. O evento é tão grande que a escolha da cidade para sediá-lo é feita três ou quatro anos antes para que tudo possa ser preparado de acordo com a sua magnitude, e não é raro um estádio novo ser erguido para o espetáculo.

Jogar em um Super Bowl é uma conquista por si só, vencer é a maior realização de um atleta de futebol americano. Ninguém esquece, mas, se por acaso isso acontecer, basta olhar para o anel de ouro cravejado de diamantes entregue a cada um dos integrantes do time vencedor e a memória do momento voltará rapidamente. O time fica com o troféu Vince Lombardi, batizado em homenagem ao mitológico treinador do New York Giants, Green Bay Packers e Washington Redskins e vencedor de seis finais, dois Super Bowls e quatro anteriores a essa denominação. Lombardi era tão popular que foi seriamente cotado tanto pelo Partido Republicano quanto pelo Partido Democrata para sair candidato à vice-presidente nas eleições de 1968.

Quem também tem uma coleção de seis títulos é o jogador Tom Brady. Aí está um cara de talento e, vamos combinar, alguma sorte. Jogador fenomenal, bonito, milionário, dono de uma coleção de Super Bowls e, como se nada disso fosse suficiente, marido de Gisele Bündchen. Definitivamente, o mundo não é justo.

O Super Bowl de cada ano é identificado por algarismos romanos. Para citar alguns exemplos, o Super Bowl I é o jogo de 1967 entre Green Bay Packers e Kansas City Chiefs, o Super Bowl XXV aconteceu em 1991 entre Buffalo Bills e New York Giants e o Super Bowl XXX de 1996 teve Dallas Cowboy e Pittsburgh Steelers. Os comerciais do evento são superproduções aguardadas ansiosamente. Anunciar durante o Super Bowl custa caro... muito caro. Empresas como Coca-Cola, Amazon e General Motors pagam mais de 5 milhões de dólares para uma única exibição de 30 segundos. Os shows musicais no intervalo são marca registrada. Nomes como Rolling Stones, Michael Jackson, Madonna, Prince, Whitney Houston, Beyoncé e Coldplay já passaram pelo palco do Super Bowl.

Para assistir à partida no estádio, o torcedor tem duas opções: pagar quantias que podem chegar a 5 mil dólares pelo ingresso ou ser convidado para um dos inúmeros camarotes. O consumo de comida no dia do jogo só perde para o *Thanksgiving* e é fácil testemunhar encontros entre amigos e famílias nas residências horas antes do apito inicial. Isso pode explicar a taxa de natalidade maior que a média nove meses após o jogo. O fenômeno é conhecido como *"Super Bowl Babies"* (Bebês do Super Bowl). Durante o Super Bowl L entre Denver Broncos e Carolina Panthers, em 2016, a NFL exibiu um comercial em que diversos *Super Bowl Babies* cantam em coro a música "Kiss From A Rose" do cantor Seal, com a participação do próprio. A repercussão foi acima do esperado e muita gente descobriu ser um *Super Bowl Baby*. Milhares de mensagens foram registradas nas redes sociais em *#SuperBowlBabies*. Uma em particular parece resumir bem a dimensão do Super Bowl: "*#SuperBowlBabies* é a maneira de a NFL falar aos torcedores 'vocês não teriam nascido se não fosse por nós!'". Interessante!

## O GRANDE ADVERSÁRIO

Resumir um jogo de futebol americano é simples: jogadores correndo atrás de uma bola oval e se jogando uns sobre os outros. E muito de sua enorme popularidade está associada exatamente à violência das jogadas. O ex-jogador Derrick Deese resumiu muito bem a questão: "[No futebol americano] você briga sem ser preso. Nós somos pagos pela violência. Você tem que gostar disso". E os americanos gostam muito. Eu já assisti a alguns jogos em estádios e fico impressionado com a vibração da torcida cada vez que uma jogada violenta acontece. É difícil entender, estou acostumado com o nosso futebol, que faz a gente vibrar com um drible ou um gol. Aqui o pessoal vai ao delírio cada vez que um jogador é derrubado com um golpe nada gentil, algo bem próximo da luta livre. Isso tem uma consequência: lesões frequentes. O problema é que elas não estão limitadas a músculos, ossos ou cartilagens. Cada vez mais jogadores recebem um diagnóstico de lesão cerebral irreversível por conta dos fortes impactos na cabeça. Aí mora o grande perigo do esporte e a maior ameaça para seu futuro.

Há registros de graves lesões associadas ao futebol americano desde 1909 – o que exigiu até a intervenção do então

*Estados Unidos na prática*

presidente Theodore Roosevelt –, mas a frequência de graves sintomas entre os atletas e a pressão para que algo seja feito pela segurança deles é cada vez maior. Até o renomado jornalista anglo-canadense Malcolm Gladwell resolveu opinar: "O futebol americano é uma aberração moral. Onde mais você pode ver uma indústria que desabilita um terço de seus profissionais?". Essa estatística assustadora é comprovada com centenas de ex-jogadores apresentando dificuldades de locomoção, fala e de várias outras atividades banais do dia a dia. Muitos outros morrem prematuramente.

O que antes era o sonho de qualquer garoto virou um dilema. Os sintomas podem aparecer antes mesmo dos jogadores chegarem à NFL. Uma pesquisa concluiu que a prática do futebol americano universitário por quatro anos já é capaz de trazer alterações irreversíveis. O prestigiado locutor da liga universitária Ed Cunningham surpreendeu o mundo dos esportes ao deixar para trás seu emprego muito bem pago na ESPN em agosto de 2017. O motivo? "Atualmente, o jogo é muito perigoso". Foram cinco temporadas jogando profissionalmente e 20 anos transmitindo partidas, mas com um preço a se pagar. "Eu tive companheiros de time que se mataram", diz. O jogador Dave Duerson foi um desses casos ao se suicidar com um tiro no peito. O cérebro de Duerson foi analisado e diagnosticado com *Chronic Traumatic Encephlopathy* (CTE – Traumatismo Cranioencefálico Crônico), uma disfunção cerebral causada pelo impacto do crânio com um agente externo. As consequências são intermináveis: dificuldade de coordenação motora e equilíbrio, lentidão dos movimentos, epilepsia pós-traumática, dificuldade de concentração, perda de sensações, memória e raciocínio lógico, depressão, irritabilidade, agressividade, alterações de humor e por aí vai.

Um estudo feito pela dra. Ann McKee, da Universidade de Boston, examinou o cérebro de 111 ex-jogadores da NFL e apenas um não recebeu o diagnóstico de CTE. Ainda mais preocupante é o fato de que 49% deles morreram com 40 anos de idade ou menos. O estudo foi tão importante que, em 2015, for criado o Índice McKee, que determina a gravidade da lesão cerebral de um jogador. Muitos consideram o CTE a epidemia silenciosa do século XXI e o futebol americano colabora com o dado assustador que lista o distúrbio na quarta posição entre as causas de mortalidade nos EUA nos últimos 40 anos. Nick Buoniconti, ex-jogador do Miami Dolphins e bicampeão do Super Bowl, é mais uma vítima do CTE e decidiu colaborar com as pesquisas da dra. Mckee ao doar seu cérebro ainda em vida. Nick é pai de Marc Buoniconti, que ficou paraplégico em 1985 jogando pelo time universitário The Citadel. Marc, por sua vez, é presidente do The Buoniconti Fund, um projeto que busca arrecadar fundos para financiar pesquisas para reverter limitações como as dele. Marc é enfático sobre o futuro do futebol americano entre os jovens: "Honestamente, acho que o futebol americano nas escolas vai desaparecer". Pode soar radical, mas sinais da previsão já estão por aí. Algumas regras da modalidade entre a molecada foram alteradas para amenizar os impactos. Entre os profissionais, há quem prefira sanidade mental à conta bancária milionária.

Em março de 2015, Chris Borland estremeceu o mundo esportivo americano ao anunciar sua aposentadoria com apenas 24 anos de idade. Ao rescindir um contrato de 2,9 milhões de dólares, o jogador do San Francisco 49ers atribuiu sua decisão aos sérios riscos de lesões que sua carreira oferece. Embora ainda fosse muito jovem e não tivesse chegado ao auge de sua carreira, Borland foi considerado "o homem mais perigoso do futebol americano" após seu gesto. A NFL temia que essa decisão fosse o início de uma tendência que poderia comprometer o futuro da liga.

O ex-presidente Barack Obama se manifestou sobre a questão em uma entrevista à revista *The New Republic*, em 2013: "Eu sou um grande fã de futebol americano, mas preciso dizer que, se tivesse um filho, eu pensaria muito antes de permitir que ele jogasse. E todos nós que gostamos do esporte teremos que encarar o fato de que uma mudança gradual é necessária para reduzir um pouco da violência. Em alguns casos, isso faria o jogo menos excitante, mas seria muito melhor para os jogadores e todos nós, que não precisaríamos fazer um exame de consciência tão frequente". O presidente Donald Trump, muito bem relacionado com proprietários de times da NFL, também pareceu hesitante ao ser perguntado se deixaria seu filho Barron, de 12 anos, jogar futebol americano: "É um esporte perigoso. Isso seria um problema para mim".

Após anos negando o enorme risco aos atletas e sendo processada por eles, a NFL finalmente admitiu o perigo e ainda acrescentou que os danos poderiam acontecer muito mais cedo que o esperado. A saída foi bancar o custo de tratamentos de ex-jogadores, uma conta de 1 bilhão de dólares. Mas a própria NFL sabe que dinheiro pode não ser suficiente para salvar a modalidade de uma queda abrupta de popularidade, e muitos pedem mudanças imediatas para garantir a integridade física e mental dos jogadores. O professor Michael Mandelbaum afirma que o século XXI pode representar para o futebol americano aquilo que o século XX reservou para os zoológicos, um passatempo outrora popular que minguou por conta de um ativismo que luta contra o lucro desmedido às custas do sacrifício de seres vivos.

## BASQUETE, O MAIS AMERICANO

O basquete é o único esporte *Top 4* essencialmente americano. Nasceu na famosa *Youth Men's Christian Association*, ou YMCA (sim, aquela mesma da música que você já dançou tantas vezes), e não demorou para virar febre. Nenhuma outra atividade esportiva representa tão bem a liderança dos Estados Unidos como potência mundial. Ao contrário do futebol americano, hóquei e beisebol, a modalidade é popular no mundo inteiro e o domínio americano é inquestionável.

A NBA é a liga principal do esporte e é conhecida por oferecer salários bem generosos. Ela nasceu em 1946, e é composta por 30 times distribuídos entre as conferências leste e oeste. Cada time joga 82 vezes.

A grande particularidade do basquete é o altíssimo número de pontos no placar, o que permite grande destaque às estrelas que pontuam com frequência. É exatamente disso que o basquete precisa, alguns jogadores acima da média que garantem uma cesta atrás da outra. Algumas temporadas não têm a sorte de contar com muitos craques, mas atualmente as coisas vão muito bem para a NBA. Quem tem acompanhado os jogos nos últimos anos sabe que há vários atletas acima da média e que LeBron James, do Los Angeles Lakers, e Stephen Curry, do Golden State Warriors, são os queridinhos do momento. Com tantos craques e duas estrelas de grande porte, não surpreendeu o aumento de 20% da audiência do canal da NBA entre 2017 e 2018. Essa situação remete os antigos fãs aos anos 1980, quando outra rivalidade entre dois gênios apimentou os jogos.

A disputa particular entre Larry Bird, do Boston Celtics, e Magic Johnson, do Los Angeles Lakers, começou quando ambos ainda eram jogadores universitários e seus times –

Indiana State, de Bird, e Michigan State, de Johnson – disputaram a final da liga universitária de 1979, que registrou a maior audiência para um jogo de basquete amador. O time de Johnson superou o de Bird nessa final, assim como o Lakers, que garantiu cinco títulos da NBA entre 1980 e 1989, contra três dos Celtics. Isso quer dizer que durante esse período de nove temporadas, apenas uma não foi vencido por um dos dois times. Além disso, Celtic e Lakers são os maiores vencedores da liga (juntos venceram quase 50% das temporadas) e já fizeram a final nada menos que 12 vezes até 2019. Os dois astros e o domínio de seus times foram fundamentais para a recuperação da popularidade do basquete após um período de dificuldades e baixa audiência. As finais de 1980 sequer foram transmitidas ao vivo pela TV, mas o altíssimo nível das partidas com Magic Johnson e Larry Bird reanimaram os fãs e deram início a uma recuperação avassaladora vista até hoje.

Após anos de rivalidade, esses dois gênios foram chamados para fazer parte da maior seleção da história dos esportes coletivos da história (ok, vamos excluir o futebol para não criar polêmica). A seleção americana de basquete convocada para as Olimpíadas de Barcelona em 1992 transcendeu a magia do jogo e não há fã de esporte que não tenha ouvido falar desse grupo conhecido mundialmente como *"The Dream Team"* (O time dos sonhos).

## A PERFEIÇÃO NAS QUADRAS

O *Dream Team* é a prova de como o esporte pode representar fielmente uma nação. Nada justificou tão bem o amor do americano pelo basquete como a seleção que jogou nas

Olimpíadas de Barcelona. Assim como nenhum brasileiro acredita na possibilidade de existir outro Pelé, ninguém nos EUA aposta em uma formação tão iluminada como aquela.

A história já começa interessante no encontro de membros da Federação Internacional de Basquete (FIBA), em 7 de abril de 1989, na cidade de Munique, Alemanha. Na pauta, a votação para que os profissionais da NBA pudessem ou não participar dos futuros jogos olímpicos. Até então, esses atletas não tinham tal privilégio, mas havia tempos que um movimento crescente exigia o fim da proibição. O placar da votação a favor do "sim" foi largo, 56 a 13. O detalhe mais interessante foi o voto dos Estados Unidos, um sonoro "não". Não havia interesse em mandar as estrelas para as Olimpíadas porque os jogadores da NBA são produtos valiosos e, assim como você não usa aquele relógio de ouro para ir ao cinema, nenhum time quer ver seu patrimônio viajando o mundo e correndo risco de acidentes e contusões. O que os americanos não previam era o poder que esse time teria para apresentar ao mundo aquilo que os Estados Unidos têm de melhor: a capacidade de impressionar. A questão não era a competição em si, mas a oportunidade que os jogos trariam para um intercâmbio que só o esporte é capaz de proporcionar. Ninguém torceria contra os EUA, a admiração era universal. A competição de basquete seria uma grande festa, mas os dirigentes não anteciparam o fenômeno, e a tentativa de vetar os profissionais foi uma das poucas vezes em que os americanos não perceberam o potencial de um produto culturalmente valioso em mãos.

A força dos Jogos Olímpicos prevaleceu e 12 estrelas foram convocadas: David Robinson, Patrick Ewing, Larry Bird, Scottie Pippen, Michael Jordan, Karl Malone, John Stockton, Clyde Drexler, Chris Mullin, Charles Barkley, Magic Johnson e o representante universitário Christian Laettner. A tradicional revista *Sports Illustrated* estampou a foto do time na capa e cunhou o termo que ficaria eternizado na mente de todo fã de esporte: *The Dream Team*.

O fenômeno do *Dream Team* também fez história por disseminar um importante esclarecimento de saúde pública. Magic Johnson havia anunciado ser portador do vírus HIV alguns meses antes. A falta de informação era grande e alguns possíveis adversários olímpicos declararam grande ceticismo em jogar contra o time americano por correr risco de contágio. Aproveitando a grande cobertura da mídia, Magic Johnson ajudou os EUA e o mundo a entenderem que, embora a doença não tivesse cura, não era exclusividade dos homossexuais e não havia contágio pelo toque. Muito médico garante que o esclarecimento de Magic Johnson foi a mais efetiva manobra para aplacar o preconceito contra portadores do vírus.

A chegada em Barcelona foi acompanhada por um frenesi beatlemaníaco. Seguranças, jornalistas e uma multidão de fãs provocaram o caos, e sair do Hotel Ambassador por qualquer motivo era bem difícil. John Stockton e Charles Barkley arriscaram alguns passeios. Stockton conseguiu passar desapercebido pelo perfil incomum para uma estrela da NBA, mas com Barkley foi diferente. O invocado jogador deixou os guardas de cabelo em pé ao sair algumas vezes sem dar satisfações. Enquanto distribuía autógrafos na rua, um jornalista perguntou se ele não temia pela sua segurança. Barkley levantou os punhos cerrados e respondeu "esta é a minha segurança". Punhos cerrados ajudam, mas equipes de segurança completaram o trabalho munidos de submetralhadoras Uzi. Ali começava a era das estrelas olímpicas.

*Esporte • Paixão e negócio*

Os jogos foram um grande "passeio" para o *Dream Team*: 116 a 48 contra Angola, 103 a 70 contra Croácia, 111 a 68 contra a Alemanha. No dia 31 de julho, chegou a nossa vez. O que ninguém esperava era uma atuação distinta dos brasileiros, apesar do placar final 127 a 83. A Espanha seria a próxima vítima, 122 a 81. Nas quartas de final contra Porto Rico, 115 a 77, e a semifinal contra a forte Lituânia terminou 127 a 76.

No dia da final contra a Croácia, Michael Jordan resolveu jogar um pouco de golfe. Ao voltar para o hotel, tomou um banho, entrou no ônibus do time e, oito horas depois das tacadas, foi jogar uma final olímpica, coisa que só Michael Jordan pode fazer. Durante o jogo assistido por uma audiência estimada de 600 milhões de pessoas, nenhuma surpresa, 117 a 85.

Resumo da ópera: 8 jogos, 8 vitórias, 8 placares centenários, 117,3 pontos em média, 43,8 pontos de diferença média, nenhum pedido de tempo do técnico americano.

O legado do *Dream Team* está na memória dos mais velhos e no YouTube dos mais jovens. Está nos jogadores que declararam terem se inspirado no show de Barcelona para jogar basquete, inclusive Leandrinho e Nenê Hilário, do Brasil. Está nas dezenas de estrangeiros que jogam atualmente na NBA. Está nos escritórios da NBA pelo mundo. Está nos mais de 200 países que recebem o sinal dos jogos da liga. Está no faturamento internacional que responde por 10% do total arrecadado pela liga. Está nos 11 jogadores do time que posteriormente foram eleitos para o Hall da Fama do Basquete (a exceção foi Christian Laettner).

O técnico Chuck Daly declarou que dirigir o time era como colocar Elvis Presley e os Beatles para tocarem juntos, mas definição melhor veio do jogador angolano Herlander Coimbra: "Esses caras estão em outro nível, uma galáxia muito distante". Fato.

## BEISEBOL, NOSTALGIA EM CAMPO

O beisebol é considerado "o passatempo preferido dos Estados Unidos" e foi o primeiro esporte a conquistar real popularidade no país. O historiador Jacques Barzun afirmou que se alguém deseja conhecer o coração e a mente dos americanos, deve aprender beisebol. A prática do jogo por aqui se espalhou em áreas rurais no século XIX, por isso até hoje segue tradições que remetem a uma realidade sem grandes recursos além dos naturais. Em primeiro lugar, a temporada da MLB se inicia na primavera e termina no outono, uma necessidade dos velhos tempos de se jogar com luz natural e clima favorável. Uma partida de beisebol não tem um tempo estabelecido, outro costume incomum nos dias de hoje. A média de duração dos jogos são três horas, mas há casos como um dos jogos das finais de 2018 entre Los Angeles Dodgers e Boston Red Sox que durou 7 horas e 20 minutos.

O apelo saudosista do beisebol para os americanos é único e insuperável. Isso porque boa parte de uma temporada da MLB é jogada durante as férias escolares, ou seja, qualquer americano lembra o tempo em que o pai o levava para assistir a algumas partidas e, invariavelmente, sentava-se na arquibancada devidamente armado com cachorro-quente, Coca-Cola e batata frita sem se preocupar com a aula do dia seguinte. Precisa de mais alguma coisa para uma infância feliz? A catarse se completa com a tradição de se cantar uma música escapista que descreve o jogo como um momento único onde todos os problemas ficam do lado de fora do estádio. A música se chama "Take Me Out to the Ball Game" (Leve-me para o jogo de bola), foi composta em 1908 e é cantada pela torcida no sétimo *inning*. O *inning* é a alternância ataque/defesa de cada time; um jogo é composto por nove *innings*.

"Leve-me para o jogo de bola/Leve-me com a multidão/ Compre-me alguns amendoins e *craker jack*/Eu não me importo se nunca mais voltar/Deixe-me torcer pelo o time da casa/Se ele não ganhar será uma pena/Pois é um, dois, três *strikes* e você está fora/No velho jogo de bola".

O beisebol sempre foi muito vinculado ao patriotismo americano. As temporadas durante a Primeira Guerra Mundial foram prejudicadas não só porque a atenção do mundo estava focada no conflito, mas porque muitos jogadores se alistaram para colaborar com o esforço bélico. Durante a Segunda Guerra Mundial, o beisebol já era grande demais para se alterar o calendário e, por isso, o presidente Franklin Roosevelt escreveu em 1942 a famosa "Green Light Letter" (Carta Sinal Verde) autorizando a continuidade da competição. Roosevelt sabia que um país em guerra também precisa de entretenimento e o beisebol cumpria muito bem essa função.

A modalidade também deu sua colaboração para outra guerra – essa doméstica –, o movimento dos direitos civis. No meio da intensa luta dos negros por igualdade racial, Jackie Robinson foi o primeiro atleta negro a jogar na liga, em 1947, pelo Brooklyn Dodgers. O tratamento igualitário ainda teria que esperar muitos anos, mas o feito de Robinson é tão importante que sua camisa número 42 foi aposentada por todos os times da MLB em 1997. Aposentar uma camisa significa que nenhum outro jogador vai usar seu número. Isso é comum entre os times para homenagear seus ídolos, mas uma camisa aposentada por todos os times da liga não é nada comum. A única exceção para a camisa 42 é o dia 15 de abril – Dia de Jackie Robinson –, quando acontece o contrário: todos os jogadores vestem este número.

A real integração, porém, que o beisebol provou ser capaz de proporcionar é aquela que une americanos e hispânicos embalada por uma harmonia que a vida fora dos estádios ainda tem dificuldades em reproduzir.

## UMA ÚNICA AMÉRICA

O beisebol nunca foi popular no Brasil, mas é interessante saber que vários países da América Latina o adotaram e esse fato, na minha opinião, é o segredo de uma magia que só essa modalidade proporciona: a integração do continente americano. Aqui não há espaço para preconceito. República Dominicana, Venezuela, Cuba, Porto Rico e México são os países que mais exportam jogadores. Assim, o beisebol americano cumpre o importante papel de abrir as portas de sua enorme estrutura para grandes talentos latinos que não teriam as mesmas condições em seus países.

Atualmente, os latinos representam 27,6% dos jogadores da MLB e foi somente a partir dos anos 1950 que esse grupo se fez notar. Um dos pioneiros merece menção pela atuação formidável tanto dentro quanto fora dos campos e pela vida interrompida por uma tragédia. O nome do mito é Roberto Clemente.

O porto-riquenho Roberto Clemente chegou para jogar pelo Pittsburgh Pirates em 1955 sem qualquer glamour. Ninguém prestou muita atenção no jovem que, além de latino, também era negro e não falava bem o inglês, uma combinação desanimadora. A coisa mudou em 1960 quando veio o primeiro título e, ao longo da década, sua performance foi capaz de calar os mais melindrados. Em 1971, mais um título da MLB foi garantido e Clemente já era considerado uma estrela.

O estrelato, porém, não foi capaz de fazer Roberto esquecer suas origens. Quando não estava em campo, o jogador se envolvia em trabalhos humanitários para os mais necessitados da América Latina, visitava crianças doentes em hospitais, ministrava aulas de beisebol e incentivava os mais jovens a buscar um futuro melhor por meio do esporte e estudo. Em 23 de dezembro de 1972, um terremoto de grandes proporções atingiu Manágua, capital da Nicarágua, país que Roberto havia visitado apenas um mês antes. O jogador não perdeu tempo e organizou grupos de trabalho para coletar dinheiro e itens de primeira necessidade. Ao saber que parte das doações enviadas para a Nicarágua estava sendo apropriada por oficiais do governo, Clemente decidiu embarcar no Douglas DC-7 que carregava um lote de donativos para assegurar que eles chegariam aos mais necessitados. Não foi possível, a aeronave sobrecarregada caiu nas águas de Ilha Verde (Porto Rico), pouco depois de decolar em 31 de dezembro de 1972. O corpo de Roberto Clemente nunca foi encontrado.

O porto-riquenho foi o primeiro latino a ser admitido no Hall da Fama do Beisebol; muitos outros vieram depois, inclusive o panamenho Mariano Rivera, em 2019, como o primeiro da história a ter recebido votação unânime. São conquistas que confirmam uma das grandes características da modalidade: exibir uma única América.

## O DESAFIO DAS NOVAS GERAÇÕES

É impossível assistir a um jogo de beisebol sem se sentir em um filme antigo. A nostalgia é um tempero onipresente nos jogos, mas essa profunda ligação com o passado tem seu lado negativo.

*Estados Unidos na prática*

Em todas as oportunidades que vi um jogo de beisebol no estádio, reparei que são poucos os que prestam atenção na partida durante toda a sua duração. Depois percebi o motivo: o jogo é longo, tem pouca fluidez e uma jogada malsucedida é mais comum que um acerto – motivos suficientes para que muitos jovens passem boa parte do tempo focados no celular. Isso quando eles, de fato, assistem a um jogo de beisebol. Dois em cada três jovens entre 18 e 36 anos disseram não acompanhar as ligas da modalidade em uma pesquisa recente. Não é fácil para o pessoal do beisebol competir com a intensidade do futebol americano, a precisão do basquete e a velocidade do hóquei. O beisebol tem tudo isso, mas em doses pouco frequentes. Muitos já perceberam que não é mais tão comum ver crianças e adolescente jogando beisebol nos parques e escolas. Aquela imagem de filme em que pai e filho jogam no quintal de casa enquanto o hambúrguer está assando na grelha é cada vez mais rara e, há mais de 20 anos, o número de jovens que tentam uma carreira nos campos vem caindo. A idade média da audiência de um jogo de beisebol é 57 anos – segundo pesquisa da Nielsen –, enquanto a do basquete é 42 anos. As finais, que possuem o interessante nome de "*World Series*" (Séries Mundiais), já não atraem tanta gente quanto antes. Em 2018, a audiência média foi de 14,3 milhões de espectadores; em 1978, foi 44,3 milhões.

Os dirigentes estão se articulado para manter o interesse entre as novas gerações, e algumas regras já mudaram para dar dinamismo às partidas. Há uma ideia para limitar o tempo entre um arremesso e outro, mas também existe uma resistência porque o arremessador e o rebatedor travam uma batalha psicológica durante esse tempo, algo que tempera a disputa e é considerado a essência do jogo. Ainda há muito a ser feito, apesar da relutância dos mais tradicionalistas, o que impedem recursos comuns em outras ligas. Grama artificial e estádios cobertos não são bem-vindos; árbitros utilizando videoteipe para jogadas duvidosas, nem pensar. Para a velha guarda, concordar com tantas modificações é derrubar o que o beisebol tem de mais valioso: a tradição. Assim, a categoria busca a difícil combinação de modernizar-se sem perder a essência, um desafio não muito diferente do país que sempre projetou no beisebol a sua própria imagem.

## HÓQUEI, EM BUSCA DA SUPREMACIA

É apenas uma opinião pessoal, mas o hóquei pode surpreender se você assisti-lo ao vivo. Dos esportes *Top 4*, esse é o que tem maior fluidez. Você já reparou que futebol americano, basquete e beisebol são esportes de muitas interrupções? Aparentemente, o americano prefere a explosão sobre fluidez. No hóquei, a situação se inverte, e você não pode piscar os olhos porque tudo acontece muito rápido.

Não existe tradição do esporte no Brasil (por motivos óbvios), mas não há muito mistério, já que o objetivo é fazer gols, algo que a gente entende bem. O mais curioso são as brigas. Pode parecer estranho, mas elas são toleradas ainda que os juízes se apressem em apartar os esquentadinhos. Às vezes, tenho a impressão de que certas brigas são cuidadosamente arquitetadas para entreter o público. De qualquer maneira é interessante ver o jogador, literalmente, dar o sangue pelo time.

O hóquei é o esporte *Top 4* que enfrenta maior competitividade internacional. Desde 2003, há um *ranking* publicado anualmente pela Federação Internacional de Hóquei no Gelo, e nunca os EUA ficaram em primeiro lugar. Canadá, Rússia,

Finlândia, República Tcheca e Suécia são seleções fortíssimas que dominam campeonatos mundiais e Olimpíadas de Inverno. Curiosamente, a NHL, principal liga dos EUA, é canadense de nascimento.

Ela foi fundada em 1917, em Montreal, mas somente em 1924 um time americano, o Boston Bruins, passou a fazer parte dela. Aos poucos, novas agremiações foram chegando, e hoje a NHL é composta por 30 times, 23 dos Estados Unidos e 7 do Canadá.

Os jogadores canadenses sempre foram maioria na NHL; foi somente a partir da década de 1980 que os americanos entraram com força. Ainda assim, pouco menos da metade dos atletas de hoje são canadenses, enquanto os americanos são apenas 25%. Os outros 25% ficam, em maior parte, com russos, suecos, tchecos, finlandeses e eslovacos.

O Pelé do hóquei é o canadense Wayne Gretzky, que jogou na NHL entre 1979 e 1999 por quatro times, detém inúmeros recordes da categoria e – assim como Jackie Robinson no beisebol – teve sua camisa 99 aposentada por todos os times da liga, algo raríssimo, como já vimos. Por 4 vezes, Gretzky levantou a famosa Stanley Cup, o troféu entregue aos campeões de uma temporada da NHL e objeto de desejo de qualquer jogador.

O caldeirão de nacionalidades é o tempero que faz da NHL uma liga extremamente popular. Cada país tem um estilo diferente de jogar, e a liga acaba fazendo o papel de catalisador dessa diversidade, enriquecendo o espetáculo e atraindo mais público. Embora jogadores europeus sejam figurinhas fáceis na NHL, nem sempre a questão foi tratada apenas como um intercâmbio esportivo. Muitos desses atletas vêm de países do antigo bloco comunista, liderado pela extinta União Soviética, e nenhum assunto foi tratado nos EUA com tanta seriedade durante o século XX como "a ameaça comunista", o chamado "perigo vermelho".

Poucos esportes incorporaram tão intensamente a Guerra Fria como o hóquei. Partidas entre Estados Unidos e União Soviética ou qualquer seleção da chamada Cortina de Ferro eram encaradas como batalhas cuja necessidade de triunfar sobrepujava o espírito esportivo. O esporte sempre foi usado como veículo de propaganda dos regimes, e o hóquei tinha um significado especial por ser muito popular tanto nos EUA capitalista quanto no bloco comunista. A União Soviética era praticamente imbatível nas competições internacionais. Foram 5 medalhas de ouro em 6 Olimpíadas de Inverno entre 1956 e 1976 e 13 campeonatos mundiais em 22 competições entre 1954 e 1979. Por isso, um jogo em 1980 entre a seleção dos EUA e a soviética entrou para história e até hoje é considerado o maior momento do esporte americano segundo a revista *Sports Illustrated*.

## MILAGRE NO GELO

Em 22 de fevereiro de 1980, as Olimpíadas de Inverno entravam em seu décimo dia de competição em Lake Placid, estado de Nova York, e uma das atrações daquela sexta-feira seria o jogo de hóquei entre Estados Unidos e União Soviética. Naturalmente, os 8,5 mil ingressos da Olympic Arena já estavam esgotados. Se tem uma coisa que todo torcedor carrega consigo quando vai assistir a uma partida é fé, e isso não faltava para a torcida americana. Porém, também ninguém tinha ilusões sobre a enorme discrepância entre a experiente seleção soviética, cabeça de chave nº 1, e a novata seleção dos EUA composta por universitários, cabeça de chave nº 7. Nenhuma medalha estava em jogo, mas para alcançar o ouro seria preciso vencer o adversário. Três dias antes do início da competição, americanos e soviéticos se enfrentaram em um jogo-exibição no Madison Square Garden e o placar final mostrou um previsível 10 a 3 para os soviéticos.

A seleção dos EUA havia sido convocada sete meses antes dos jogos, e o objetivo era basicamente evitar um grande embaraço jogando em casa. O técnico Herb Brooks teria muito trabalho e pouco tempo para afinar aquele grupo de 20 moleques com idade média de 21 anos.

O resultado de muito treino começou a aparecer em Lake Placid. Até então eram quatro vitórias e um empate em cinco jogos. Mas uma coisa era jogar contra Romênia, Alemanha, Noruega, Tchecoslováquia e Suécia, outra coisa seria enfrentar o chamado "Exército Vermelho", que havia estreado nos jogos com uma vitória sobre o Japão por 16 a 0, seguida de outras quatro sem qualquer imprevisto. Aliás, Exército Vermelho era um bom nome para o time porque a maioria dos jogadores eram militares pagos para treinar em tempo integral diariamente, uma esperta saída para driblar a proibição de profissionais em Jogos Olímpicos. Todos ali respiravam hóquei 24 horas por dia.

O clima entre os dois países era tenso. A União Soviética havia invadido o Afeganistão três meses antes, e rumores garantiam que os EUA iriam boicotar as Olimpíadas de Verão em Moscou dali a quatro meses como retaliação – o que, de fato, aconteceu. Não havia como encarar essa ou qualquer outra partida entre os dois países como um evento unicamente esportivo.

Diz a lenda que, quando os times se alinharam no rinque, foi a primeira vez de qualquer evento esportivo que a torcida americana gritou o mantra "U-S-A", hoje tão comum em qualquer competição. Assim mesmo, a vitória americana era tão improvável que a rede de TV ABC nem se preocupou em transmitir o jogo ao vivo para acomodar outras competições na grade de programação.

Com 10 minutos passados do primeiro tempo, os soviéticos já ganhavam de 1 a 0. A reação americana não demorou e, 4 minutos depois, o jogo estava empatado em 1 a 1. Aos 17 minutos, mais um gol para os soviéticos, 2 a 1.

O jogo de hóquei é composto por 3 tempos de 20 minutos, e ninguém acreditava naquele momento que o primeiro tempo não acabaria com vitória parcial soviética, mas um lance nos momentos finais mudaria a história da partida. O jogador Dave Christian acertou o disco próximo à linha central do rinque, e Mark Johnson aproveitou o rebote do goleiro para empatar o jogo no último segundo. Não adiantaram reclamações dos soviéticos argumentando que o primeiro tempo já havia terminado, o placar no intervalo exibia um animador 2 a 2. Esse gol é considerado fundamental, porque naquele momento os americanos perceberam que talvez o time soviético não fosse tão imbatível como se pensava.

O segundo tempo começou com uma surpresa. O até então intocável goleiro soviético Tretiak foi substituído pelo reserva Myshkin. Ninguém entendeu o motivo da substituição. O técnico Viktor Tikhonov confessou, anos depois, que esse foi o maior erro de sua longa e vitoriosa carreira. Os soviéticos atacaram forte, mas apenas uma tacada terminou em gol e o período terminou 3 a 2 para eles.

O terceiro e último tempo ofereceu uma rara oportunidade aos americanos. O jogador Krutov foi penalizado e os EUA puderam aproveitar o chamado *"power play"*, situação em que um time joga temporariamente com um jogador a mais que o adversário. Faltando 10 segundos para o fim do *power play*, Mark Johnson marcou um gol por baixo das pernas do goleiro Myshkin. Enquanto os americanos ainda comemoravam o 3 a 3 com sabor de vitória, o capitão Mike Eruzione arriscou uma estilosa tacada com apenas um dos patins em contato com o gelo e o inacreditável aconteceu, 4 a 3 para os americanos.

A partir desse momento, a máquina soviética começou a engripar, e o pânico tomou conta dos jogadores. A frieza foi substituída pelo desespero, e o público passou a fazer um barulho ensurdecedor. Todos ali sabiam que testemunhavam um momento histórico, e a chance de vitória não poderia ser desperdiçada. Os soviéticos atacaram de maneira feroz e a estrela do goleiro americano Jim Craig começou a brilhar. Faltando 33 segundos, Craig defendeu uma poderosa tacada de Vladimir Petrov e, a partir daí, restou ao time dos EUA trocar passes para fazer o tempo passar. Faltando 10 segundos para o fim do jogo, a torcida gritou em coro a contagem regressiva e, nos segundos finais, o locutor esportivo Al Michaels fez a pergunta que entraria para a história: "Você acredita em milagres?"

A resposta veio nove dias depois na capa da revista *Sports Illustrated*. Na verdade, a resposta não continha uma única palavra. A capa exibia apenas uma foto da comemoração dos jogadores com parte da torcida aplaudindo e uma bandeira americana sendo agitada por um dos torcedores. Nenhuma manchete, nenhuma palavra, apenas a foto e o nome da revista. Aquela capa de 3 de março de 1980 foi escolhida como a melhor da história da publicação nas comemorações do seu aniversário de 60 anos. A revista também elegeu a vitória como o maior acontecimento esportivo do século XX. Até hoje os jogadores autografam exemplares da revista, camisas de time e tudo mais que é oferecido, centenas de vezes todos os anos.

Os americanos sempre consideraram a prática esportiva como metáfora da soberania de seu próprio país. Vencer significa, acima de tudo, confirmar a força da nação e a capacidade de superação do seu povo. Para um nativo, o "Milagre no Gelo" foi a prova definitiva de que não há nada que os Estados Unidos e sua população não sejam capazes de fazer.

■

# VALE A PENA MORAR NOS ESTADOS UNIDOS?

Sendo direto e objetivo: sim! Morar nos Estados Unidos é um grande privilégio, e eu não canso de agradecer por essa oportunidade. Você leu, ao longo do livro, uma série de problemas que o país enfrenta, mas você não leu qualquer arrependimento de minha parte por ter me mudado para cá. Você lembra quando mencio-

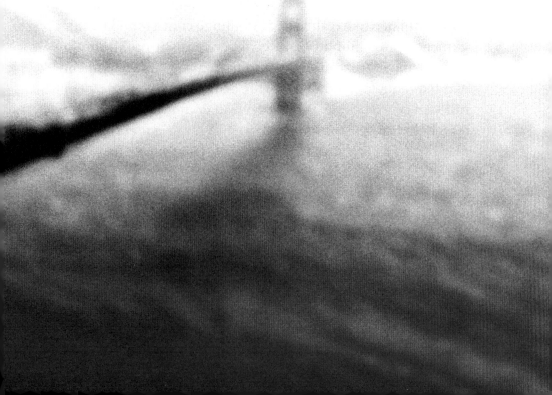

nei na introdução a frase do personagem Will McAvoy da série *The Newsroom*? "O primeiro passo para resolver qualquer problema é reconhecer que ele existe. Os EUA não são mais o melhor país do mundo". Este livro foi a maneira que encontrei para dar minha colaboração ao apontar desafios que podem ser solucionados pela força dessa nação. Além disso, cumpro minha parte no dia a dia: trabalho, pago impostos, consumo, aprendo e ensino. Para completar, eu e minha esposa demos aos Estados Unidos aquilo que temos de mais precioso, nossa filha americana. Isso não quer dizer que negamos nossas raízes. Ela também tem cidadania brasileira, já visitou o Brasil, falamos português em casa e vamos ensiná-la a valorizar e amar o país de sua família, mas decidimos que a terra que nos recebeu de portas abertas merece ser sua primeira pátria. Sou um pai tranquilo porque sei que os Estados Unidos vão cuidar muito bem dela.

Conversando com amigos brasileiros que moram aqui, percebo que todos estão felizes, mas ninguém é totalmente feliz. Aqui não tem o almoço de domingo com a família, muito menos um joguinho de futebol para assistir no Morumbi (faça a sua adaptação de acordo com o seu time); também não tem aquela história de botar camiseta e bermuda para sair sem se preocupar com a previsão do tempo. Almoço de uma hora durante o expediente é coisa rara e aquela cervejinha depois de um longo dia de trabalho não vai ser na calçada, ouvindo o pessoal da mesa do lado jogando truco. Aqui também não tem essa de puxar assunto com o desconhecido ao nosso lado no metrô. Pois é, os Estados Unidos não têm o melhor do Brasil.

Acontece que o Brasil também não tem o melhor dos Estados Unidos. Durante nossos últimos meses em São Paulo, apareceu um novo modismo no mundo da bandidagem: estavam sequestrando cachorros durante os passeios com os donos para depois exigirem o dinheiro do resgate. Você tem ideia do que é passear com o seu cachorro olhando para todos os lados para evitar um sequestro? Como viver tranquilo em um lugar com esse tipo de problema? É no micro que se entende o macro, e esse exemplo explica muito sobre o Brasil.

Por tudo isso, um problema domina a vida dos brasileiros que moram nos EUA: a gente foge das adversidades do Brasil, mas encontra os inconvenientes dos Estados Unidos. Em um belo dia encontrei um texto no Facebook que reflete muito bem o estado de espírito de qualquer brasileiro morador dos EUA. Senhor autor, eu tentei descobrir o seu nome para dar o devido crédito, mas não consegui encontrá-lo. Me desculpe.

"É muito difícil falar sobre ir ou ficar.
Lá tem amor.
Aqui tem segurança.
Lá tem rotina.
Aqui tem estabilidade.
Lá tem família e grandes amigos.
Aqui tem qualidade de vida.
Lá tem comida caseira sempre.
Aqui escolhemos em qual restaurante comer.
Lá temos 'direitos'.
Aqui temos deveres.
Lá a grana falta.
Aqui nos viramos.
Lá tem mensagem do tipo: 'tô passando aí!'
Aqui temos que marcar o horário para ver os amigos.
Lá tem a história que escrevemos.
Aqui estamos desenhando o futuro.
Lá tem o boteco e cerveja de garrafa.
Aqui tem picanha em todo churrasco.

> Lá temos um nome e uma profissão a zelar.
> Aqui aprendemos a respeitar todo e qualquer trabalho.
> Lá estamos em casa.
> Aqui criamos o nosso próprio lar.
> Vamos vivendo, aprendendo e tentando ajudar a todos nessa loucura que é 'ir embora' ou 'ficar'.
> Como diria meu amigo Jones:
> 'Lá é bom, mas é ruim.
> Aqui é ruim, mas é bom!'"

O amigo Jones mudou levemente uma frase do mestre Tom Jobim ao ser perguntado sobre sua experiência de ter morado nos Estados Unidos: "Viver no exterior é bom, mas é uma merda. Viver no Brasil é uma merda, mas é bom". Como todo bom gênio, ele resumiu em duas frases o que uma pessoa nada genial como eu tentou expressar neste livro inteiro. A grande verdade é que os dois países têm algo em comum: um não substitui o outro.

Se você quiser ir mais a fundo, vai perceber que há muitas outras semelhanças. Uma delas diz respeito ao futuro. Aposentar-se em qualquer um dos países não é um mar de rosas se você não tem muito dinheiro guardado. Isso me assusta porque nem o país onde eu moro nem o país onde eu nasci estão preparados para me oferecer um bom descanso durante minha velhice. E agora, José?

Pois é, meu querido Carlos Drummond de Andrade, continua havendo uma pedra no meio do caminho, mas, assim como você, eu resolvi escrever para seguir na caminhada.

Eu não tenho a solução dos problemas americanos e brasileiros, mas acho que seria um bom começo se Brasil e Estados Unidos trabalhassem juntos por um futuro melhor para todos nós. Não quero acreditar que o que é bom para um não é bom para o outro, quero que os dois países deem as mãos para que possamos trocar conhecimento, experiência, risadas, cervejas e até aquela vontade de xingar o juiz do jogo. Que tal aprendermos a fazer o peru do *Thanksgiving* deles? Que tal ensinarmos nossa feijoada? Que tal pendurarmos a bandeira de nosso país na entrada da casa como eles? Que tal eles darem abraços e beijos ao se encontrarem como nós? Que tal não termos o IPVA para pagar como eles? Que tal eles terem campanhas de vacinação gratuita como nós?

O que me resta nesse último parágrafo é dizer que admiro os Estados Unidos e torço pelo Brasil. Como clama a canção "God Bless America", espero que Deus abençoe os Estados Unidos. E só peço para que Ele, como eu, não deixe de ser brasileiro.

# BIBLIOGRAFIA

ABELES, Vicki. *Beyond Measure*: Rescuing an Overscheduled, Overtested, Underestimated Generation. Nova York: Simon & Schuster, 2015.
ALEXANDER, Michelle. *The New Jim Crow*: Mass Incarceration in the Age of Colorblindness. Nova York: The New Press, 2012.
ALTER, Charlotte. "American Dreamer". *Time*, 16 abr. 2018.
ALMGREN, Gunnar. *Health Care as a Right of Citizenship*: The Continuing Evolution of Reform. Nova York: Columbia University Press, 2017.
ALLEN-EBRAHIMIAN, Bethany. "Chinese Students in America: 300,000 and Counting". *Foreign Policy*, 16 nov. 2015.
ANDREWS, Travis. "George Zimmerman's Many, Many Controversies since the Trayvon Martin Case". *The Washington Post*, 12 maio 2016.
BARNES, Peter. *With Liberty and Dividends for All*: How to Save Our Middle Class When Jobs Don't Pay Enough. Oakland: Berret-Koehler Publishers, 2014.
BARRETO, Matt; SEGURA, Gary. *Latino America*: How America's Most Dynamic Population is Poised to Transform the Politics of the Nation. Nova York: PublicAffairs, 2014.
BARROW, Bill. "Can Electors Vote for Clinton Rather than Trump? How Electoral College Works". *Los Angeles Times*, 26 nov. 2016.
BAUM, Dan. "Legalize it All: How To Win The War on Drugs". *Harper's Magazine*, abr. 2016.
BEARCE, Stephanie. *The American Revolution*: Spies, Secret Missions, and Hidden Facts from the American Revolution. Waco: Prufrock Press, 2014.
BELLIS, Mary. "The Ugly Christmas Sweater". *About Money*, 03 fev. 2016.
BELZER, Jason. "Thanks to Roger Goodell, NFL Revenues Projected To Surpass $13 billion in 2016". *Forbes*, 29 fev. 2016.
BERNARDO, Richie. "2016's Most Diverse Cities in America". *WalletHub*, 11 maio 2016.
BERNSTEIN, Andrew. "Heroes and Villains in American Education". *The Objective Standard*, Fall 2018.
BERRY, Allison. "A Brief History of the Ugly Christmas Sweater". *Time*, 22 dez. 2011.
BONEY, Emily. "Students Oppose Test in 'Zombie' Rally". *The Brown Daily Herald*, 14 fev. 2013.
BURNS, Alexander; SHOREY, Rachel; PATEL, Jugal. "Small Donors Fuel a Big Democratic Lead in 2018 Fund-Raising". *The New York Times*, 16 out. 2018.
CALFAS, Jennifer. "'I Didn't Really Have A Choice'". *Money*, ago. 2018.

*Estados Unidos na prática*

CANCIAN, Natália. "Só 14% dos alunos brasileiros têm ensino superior, diz relatório da OCDE". *Folha de S.Paulo*, 15 set. 2016.
CAREY, Kevin. *The End of College*: Creating the Future of Learning and the University of Everywhere. Nova York: Riverhead Books, 2016.
CASSELMAN, Ben. "The Jobs Recovery: A Longer View". *The New York Times*, 01 jun. 2018.
CHOMSKY, Noam. *Who Rules the World*. Nova York: Metropolitan Books, 2016.
COHEN, Patricia. "Profitable Companies, No Taxes: Here's How They Did It". *The New York Times*, 09 mar. 2017.
COHN, Jonathan. *Sick*: The Untold Story of America's Health Care Crisis – and the People Who Pay the Price. Nova York: Harper Perennial, 2008.
CONRAD, Jessamyn. *What You Should Know about Politics...* But Don't: a Nonpartisan Guide to the Issues that Matter. Nova York: Arcade Publishing, 2016.
COULTER, Ann. *Adios America! The Left´s Plan to Turn our Country into a Third World Hellhole*. Washington, DC: Regnery Publishing, 2016.
COWEN, Tyler. *The Complacent Class: The Self-Defeating Quest for the American Dream*. Nova York: St. Martin's Press, 2017.
COWLEY, Stacy; SILVER-GREENBERG, Jessica. "Voices of Navient's Borrowers: 'The Biggest Mistake of My Life'". *The New York Times*, 05 abr. 2017.
CRAMB, Auslan. "Donald Trump Flies in to Protests and a Snub From Scotland's Political Leaders". *The Telegraph*, 23 jun. 2016.
COUGHLAN, Sean. "Asia Tops Biggest Global School Rankings". *BBC News*, 13 maio 2015.
DAVIDSON, James West. *A Little History of the United States*. New Haven: Yale University Press, 2015.
DENT, Millie. "21 Unbelievable Facts About Guns in America". *The Fiscal Times*, 07 jan. 2016.
DERESIEWICZ, William. *Excellent Sheep*: The Miseducation of the American Elite and the Way to a Meaningful Life. Nova York: Free Press, 2015.
DODD, Johnny. "Hollywood Survivor". *People*, 05 nov. 2018.
DUCHARME, Jamie. "A Disturbing Trend On The Rise". *Time*, 18 jun. 2018.
DUVA, Nicholas. "Gun Laws Vary State by State: CNBC Explains". *CNBC*, 20 nov. 2014.
EDWARDS, Haley. "Bye Dad, I Love You". *Time*, 19 mar. 2018.
EDWARDS, Halle. "What are AP Classes? Why Should You Take Them?". *PrepScholar*, 08 mar. 2015.
ELLIS, Joseph. *The Quartet*: Orchestrating the Second American Revolution, 1783-1789. Nova York: Vintage, 2016.
EMANUEL, Ezekiel. *Reinventing American Health Care*: How the Affordable Health Care ACT will Improve our Terribly Complex, Blatantly, Unjust, Outrageously, Expensive, Grossly Inefficient, Error Prone System. Nova York: PublicAffairs, 2014.
FAINARU, Steve; FAINARU-WADA, Mark. "Why Former 49ers Chris Borland Is The Most Dangerous Man In Football". *ESPN*, 20 ago. 2015.
FEINMAN, Ronald. *Assassinations, Threats, and the American Presidency*: From Andrew Jackson to Barack Obama. Nova York: Rowman & Littlefield Publishers, 2015.
FERNANDEZ, Manny. "A Path to America, Marked by More and More Bodies". *The New York Times*, 04 Maio 2017.
FERNANDEZ-ARMESTO, Felipe. *Our America*: A Hispanic History of the United States. Nova York: W. W. Norton Company, 2014.
FERGUSON, Charles. *Predator Nation*: Corporate Criminals, Political Corruption, and the Hijacking of America. Nova York: Crown Business, 2013.
FISHER, Marc. "Baseball Is Struggling To Hook Kids – And Risks Losing Fans To Other Sports". *The Washington Post*, 05 abr. 2015.
FLAKE, Jeff. "We Need Immigrants With Skills. But Working Hard Is a Skill". *The New York Times*, 18 ago. 2017.

FLEISCHER, Jeff. *Votes of Confidence*: A Young Person's Guide to American Election. São Francisco: Zest Book, 2016.

FOER, Franklin; HUGHES, Chris. "Barack Obama Is Not Pleased". *New Republic*, 27 jan. 2013.

FOREMAN, Judy. *A Nation in Pain*: Healing Our Biggest Health Problem. Nova York: Oxford University Press, 2015.

FORSYTHE, Michael. "Paradise Papers Shine Light on Where the Elite Hide Their Money". *The New York Times*, 5 nov. 2017.

FOYLE, Adonal. *Winning the Money Game*: Lessons Learned From the Financial Fouls of Athletes. Nova York: Amistad, 2015.

FRANKEL, Matthew. "5 Warren Buffett Tax Facts We Just Learned". *The Motley Fool*, 13 out. 2016.

FREEMAN, Michael. *Two Minute Warning*: How Concussions, Crime and Controversy Could Kill the NFL (And What The League Could Do to Survive). Chicago: Triumph Books, 2015.

GARDNER, Greg. "Report: More New Cars Leased Than Ever". *USA Today*, 04 mar. 2016.

GARNAUT, Ross. *The Great Crash of 2008*. Carlton Victoria: Melbourne University Publishing, 2009.

GONZALES-BARRERA, Ana; LOPEZ, Marc. "A Demographic Portrait of Mexican Origins Hispanics in the United States". *Pew Research Center*, 01 maio 2013.

GOLDRICK-RAB, Sara. *Paying the Price*: College Costs, Financial Aid, and the Betrayal of the American Dream. Chicago: The University of Chicago Press, 2016.

GREENBERG, Stanley. *America Ascendant*: A Revolutionary Nation´s Path to Addressing Its Deepest Problems and Leading the 21st Century. Nova York: Thomas Dunne Books, 2015.

GREGORY, Sean. "Kiding: How Your Child's Rec League Turned Into A $15 Billion Industry". *Time*, 09 abr. 2017.

HACKER, Jacob; PIERSON, Paul. *American Amnesia*: How the War on Government Led Us to Forget What Made America Prosper. Nova York: Simon & Schuster, 2016.

HARAZIM, Dorrit. "Em Barcelona-1992, a festa catalã recebeu o Dream Team e revelou Popov". *O Globo*, 24 jun. 2016.

HAUSAM, Michael; BECKER, Kyle. "Uncomfortable Facts and Statistics That Don´t Fit the Narrative About Racial Violence". *Independent Journal Review*, set. 2016.

HENDERSON, Barney; LAWLER, David. "How Does the US Presidential Election Work and which Swing States will Determine Whether Donald Trump or Hillary Clinton will Win?". *The Telegraph*, 08 nov. 2016.

HERSH, Phil. "NBA Players Eligible To Play In The Olympics". *The Chicago Tribune*, 08 abr. 1989.

HIGGINS, Nadia. *The Split History of the Civil Rights Movement*. Nova York: Perspective Flips Books, 2014.

HYNIE, Devon. "What Country is N° 1? Not the U.S". *U.S. News*, 20 jan. 2016.

HOLLIHAN, Keith; SMITH, Anthony F. ESPN *The Company*: The Story and Lessons Behind the Most Fanatical Brand in Sports. Somerset: John Wiley & Sons, 2009.

HOMES, Tamara. "Credit Card Market Share Statistics". *CreditCards.com*, 22 jun. 2016.

HUDGENS, Laura. "The Decline of Baseball and Why it Matters". *The Huffington Post*, 08 abr. 2016.

JACOBY, Susan. "Baseball's Long Game". *Time*, 06 ago. 2018.

JOBIN-LEEDS, Greg. *When We Fight, We Win*: Twenty-First-Century Social Movements and the Activists That Are Transforming Our World. Nova York: The New Press, 2016.

JOHN, Tara. "International Students in U.S. Colleges and Universities Top 1 Million". *Time*, 14 nov. 2016.

KARP, Stan; SANCHEZ, Adam. "The 2018 Wave of Teacher's Strikes". *Rethinking Schools*, Verão 2018.
KLIFF, Sarah. "A 20,243 Bike Crash: Zuckerberg Hospital's Aggressive Tactics Leave Patients With Big Bills". *Vox*, 24 jan. 2019.
KODJAK, Alison. "Taken For a Ride: M.D. Injured In A TV Crash Gets $56,603 Bill for Air Ambulance Trip". *NPR*, 25 set. 2018.
KORN, Melissa "Your College Major Is a Minor Issue, Employers Say". *Wall Street Journal*, Seção At Work, 10 abr. 2013.
KRAWCZYK, Nora. "Charter School: uma escola pública que caminha e fala como escola privada". *Carta Capital*, 31 maio 2016.
KUTZ, Steven. "NFL Took In $13 Billion In Revenue Last Season – See How It Stacks Up Against Other Pro Sports Leagues". *Market Watch*, 02 jul. 2016.
LAKOFF, George. *Moral Politics*: How Liberals and Conservatives Think. Chicago: University of Chicago, 2002.
LASKAS, Jeanne Marie. "Inside The Federal Bureau of Way Too Many Guns". *GQ*, 30 jan. 2016.
LANDLER, Mark. "Trump Claims Credit for an Economy He Calls the 'Envy of the Entire World'". *The New York Times*, 27 jul. 2018.
LATHAM, Andrew. "20 Amazing Facts About Credit Cards You Didn't Know (Yet)". *Supermoney*, 07 nov. 2016.
LEOPOLD, Ted. "We're N° 1! We're N° 1! We're... uh... Not?". *CNN*, 2 jul. 2012.
LIPKA, Michael. "10 Facts About Religion In America". *Pew Research Center*, 27 ago. 2015.
LOIOLA, Rita. "Cesariana: por que ela é uma epidemia no Brasil". *Veja*, 19 abr. 2015.
LUCE, Edward. *Time to Start Thinking*: America in the Age of Descent. Nova York: Atlantic Monthly Press, 2012.
LUNDEEN, Andrew. "How Much Do People Pay in Taxes?". *Tax Foundation*, 14 abr. 2015.
MAHTESIAN, Charlie. "What Are the Swing States In 2016?". *Politico*, 15 jun. 2016.
MANDELBAUM, Michael. *The Meaning of Sports*. Nova York: PublicAffairs, 2005.
MANN, Thomas; ORNSTEIN, Norman. *It's Even Worse Than It Looks*. Nova York: Basic Books, 2012.
MARESCA, Rachel. "Matthew Perry On Drug And Alcohol Addiction During 'Friends' Era: 'I Was Never High At Work, I Was Painfully Hangover'". *Daily News*, 2 jul. 2013.
MARVES, Alex. "The Long Goodbye: 11 Most Painful NFL Relocations". *FOX Sports*, 20 out. 2016.
MCCAIN, Meghan; BLACK, Michael Ian. *America, You Sexy Bitch*: A Love Letter to Freedom. Boston: De Capo Press, 2012.
MCCALLUM, Jack. *Dream Team*: How Michael, Magic, Larry, Charles, and the Greatest Team of All Times Conquered the World and Changed the Game of Basketball Forever. Nova York: Ballantine Books, 2013.
MEDINA, Jennifer; BENNER, Katie; TAYLOR, Kate. "Actresses, Business Leaders and other Wealthy Parents Charged in U.S. College Entry Fraud". *The New York Times*, 12 mar. 2019.
MELENDES, Eleazar. "Financial Crisis Cost Tops $22 Trillion, GAO Says". *The Huffington Post*, 14 fev. 2013.
METTLER, Suzanne. *Degrees of Inequality*: How the Politics of Higher Education Sabotaged the American Dream. Nova York: Basic Books, 2014.
MILLER, Jared. "'Million Hoodie March' in New York Rallies Support for Trayvon Martin". *Time*, 22 mar. 2012.
MURSE, Tom. "The Era of the Super PAC in American Politics". *ThoughtCo.*, 26 mar. 2017.
NATIONS, Scott. *A History of the United States in Five Crashes*: Stock Market Meltdows That Defined a Nation. Nova York: William Morrow, 2017.

OSTERMAN, Michelle; MARTIN, Joyce. "Recent Declines in Induction of Labor by Gestational Age". CDC, jun. 2014.

OSWALD, Vivian. "Brasil movimenta apenas 2% do mercado da bola". *O Globo*, 26 jun. 2014.

PARPAPIANO, Alicia; AISCH, Gregor. "What Do You Think Is the Most Important Problem Facing This Country Today". *The New York Times*, 27 fev. 2017.

PENTÓN, Mario. "'This is Hialeah!' Taco Bell Employee Refuses to Help Client Who Doesn't Speak Spanish". *Miami Herald*, 14 set. 2018.

POGUE, David. *Pogue's Basics: Money*: Essential Tips and Shortcuts (That No One Bothers to Tell You) About Beating the System. Nova York: Flatiron Books, 2016.

POLLAK, Joel; SCHWEIKART, Larry. *How Trump Won*: The Inside Story of a Revolution. Washington, DC: Regnery Publishing, 2017.

PONIEWOZIK, James. "A Rudderless Night, as News Networks Struggle With a Surprise Victory". *The New York Times*, 09 nov. 2016.

PORTER, Eduardo. "The Danger From Low-Skilled Immigrants: Not Having Them". *The New York Times*, 08 ago. 2017.

_____. "Where Are the Start-Ups? Loss of Dynamism Is Impeding Growth". *The New York Times*, 06 fev. 2018.

QUINONES, Sam. *Dreamland*: The True Tale of America's Opiate Epidemic. Nova York: Bloomsbury Press, 2015.

RAMOS, Jorge. *The Other Face of America*: Chronicles of the Immigrants Shaping Our Future. Nova York: Harper Perennial, 2003.

_____. *The Latino Wave*: How Hispanics Are Transforming Politics in America. Nova York: Harper Perennial, 2005.

_____. *Stranger*: The Challenge of a Latino Immigrant in the Trump Era. Nova York: Vintage Books, 2018.

RAVITCH, Diane. *The Death and Life of the Great American School System*: How Testing and Choice Are Undermining Education. Nova York: Basic Books, 2011.

REILLY, Katie. "The Life of The America Teacher". *Time*, 24 set. 2018.

REYNOLDS, Glenn Harlan. *The Education Apocalypse*: How It Happened and How to Survive It. Nova York: Encounter Books, 2015.

RENZULLI, Kerri Anne. "How Much Debt The Average American Has Now – At Every Age". *Money*, jul. 2018.

ROLLI, Claudia. "Um trabalhador americano produz como quatro brasileiros". *Folha de S. Paulo*, 31 maio 2015.

ROMERO, Simon. "Spanish Thrives in the U.S. Despite an English-Only Drive". *The New York Times*, 23 ago. 2017.

RODRIGUES, Ana Carolina. "Por que ainda não somos fluentes em inglês?". *Você S/A*, 18 Jan 2016.

ROSENTHAL, Elizabeth. "The $2,7 Trillion Medical Bill". *The New York Times*, 01 jun. 2013.

_____. "American Way of Birth, Cotliest in the World". *The New York Times*, 30 jun. 2013.

_____. "In Need of a New Hip, but Priced Out of the U.S". *The New York Times*, 03 ago. 2013.

_____. "As Hospital Charges Soar, a Stitch Tops $500". *The New York Times*, 02 dez. 2013.

_____. "After Surgery, Surprise $117,000 Medical Bill From Doctor He Didn't Know". *The New York Times*, 20 set. 2014.

_____. "The Odd Math of Medical Tests: One Scan, Two Prices, Both High". *The New York Times*, 15 dez. 2014.

_____. *An American Sickness*: How Healthcare Became Big Business and How You Can Take It Back. Nova York: Penguin Press, 2017.

ROYE, Ruddy. "Words to Live By". *Time*, 25 jun. 2018.

RUSHE, Dominic. "The US Spends More on Education than Other Countries. Why Is It Falling Behind?". *The Guardian*, 07 set. 2018.

Santos, Igor. "Brasileiros relembram o Dream Team que completa 20 anos". *O Globo*, 27 jul. 2012.

Savage, David. "For the Fourth Time In American History, The President-Elect Lost The Electoral College". *Los Angeles Times*, 11 nov. 2016.

Savage, Michael. *Stop the Coming Civil War*: My Savage Truth. Nova York: Center Street, 2015.

Scheuer, Keith. "The Downfall of Law School? What Current Enrollment Trends Mean". *Noodle*, 12 nov. 2015.

Schwart, Mattathias. "Come On Down to the Rio Grande Valley". *New York Magazine*, 07 jan. 2019.

Scott, David. "The Untold Story of tv's First Prescription Drug Ad". *stat*, 11 dez. 2015.

Semuels, Alana. "White Flight Never Ended". *The Atlantic*, 30 jul. 2015.

Silverstein, Ken. "The Secret Donors Behind the Center for American Progress and Other Think Tanks". *The Nation*, 22 maio 2013.

Steller, Brian. "Debate Breaks Record As Most-Watched In U.S. History". *cnn Money*, 27 set. 2016.

Stevenson, Peter. "How John McCain's 'No' Vote On Health Care Played Out On The Senate Floor". *The Washington Post*, 28 jul. 2017.

Stewart, Matthew. "The Birth of a New Aristocracy". *The Atlantic*, jun. 2018.

Stiglitz, Joseph. *The Price of Inequality*: How Today's Divided Society Endangers Our Future. Nova York: W. W. Norton & Company, 2013.

Stone, Gene. *Trump Survival Guide*: Everything You Need to Know About Living Through What You Hoped Would Never Happen. Nova York: Dey Street Books, 2017.

Strauss, Valerie. "Student 'Zombies' Protest Standardized Tests". *The Washington Post*, 17 fev. 2013.

Suarez, Ray. *Latino Americans. The 500-year Legacy that Shaped a Nation*. East Rutherford: Celebra, 2013.

Steverman, Ben. "Five Charts Show What Americans Really Pay in Taxes". *Bloomberg*, 6 abr. 2016.

Tamny, John. *Popular Economics*: What the Rolling Stones, Downtown Abbey, and LeBron James Can Teach You about Economics. Washington, dc: Regnery Publishing, 2015.

The Commonwealth Fund. "International Profiles of Health Care Systems". *The Commonwealth Fund*, 2011.

Thielkin, Megan. "Sky-high C-section Rates In The us Don't Translate To Better Birth Outcomes". *stat*, 01 dez. 2015.

Tingley, Tim. "Trying To Put A Value On The Doctor-Patient Relationship". *The New York Times*, 16 maio 2018.

Turbak, Gary. "The Campaign Against English". *The Social Contract Press*, 1994.

Vick, Karl. "American Values". *Time*, 02 jul. 2018.

Whiteman, Honor. "Have We Become Too Dependent On Medication?". *mnt*, 29 jan. 2015.

Wiles, Russ. "Pro Athletes Often Fumble the Financial Ball". *USA Today*, 22 abr. 2012.

Yoon, Al. "Total Global Losses From Financial Crisis: $15 Trillion". *The Wall Street Journal*, 01 out. 2012.

Yuccas, Jamie; Banerji, Suvro. "nfl Ad Celebrates 'Super Bowl Babies'". *cbsnews*, 06 fev. 2016.

Wade, Jared. "How the Dream Team Foreshadowed the Olympic's Sponsorship Controversy". *Risk Management Magazine*, 22 ago. 2012.

Walker, Mandy. "When Are Sales Too Good To Be True?". *Consumer's Report*, dez. 2018.

Wallace, Gregory. "Voter Turnout At 20-Year Low In 2016". *cnn*, 30 nov. 2016.

Woodard, Colin. *American Character*: A History of the Epic Struggle Between Individual Liberty and the Common Good. East Rutherford: Viking, 2016.

Zeigler, Karen; Camarota, Steven. "One In Five U.S. Residents Speak Foreign Language at Home, Record 61.8 million". *Center for Immigration Studies*, out. 2014.

## FILMES

13th. Direção: Ava DuVernay. Produção de Kandu Films, 2016.
AMERICAN Thugs. Direção: Chris Bell. Produção de Wild West Films, 2015.
AT All Costs, Inside AAU Basketball. Direção: Mike Nicoll. Produção de New Man Media, 2014.
CITIZEN Koch. Direção: Tia Lessin; Carl Deal. Produção de Variance Films, 2013.
CODE Black. Direção: Ryan McGarry. Produção de Music Box Films, 2013.
DIVIDED States of America. Direção: Michael Kirk. Produção de PBS, 2017.
DR. Feelgood. Direção: Eve Manson. Produção de Bungaglow Pictures, 2016.
GET Me Roger Stone. Direção: Dylan Bank, Daniel DiMauro, Morgan Pehme. Produção de Daniel DiMauro, 2017.
HACKING The Presidency. Direção: Maggie Gyllenhaal. Produção de Participant Media Production, 2016.
HOW The US Government Became So Big. Direção: Craig Benzine; Matt Weber. Produção de Wheezy Industries, 2016.
HOW To Win The US Presidency. Direção: Cal Seville. Produção de 3DD Productions, 2016.
INSIDE Job. Direção: Charles Ferguson. Produção de Final Frame, 2010.
RACE To Nowhere. Direção: Vicki Abeles; Jessica Longdon. Produção de Reel Link Films, 2009.
RX: The Quiet Revolution. Direção: David Grubin. Produção de David Grubin Productions, 2015.
SCHOOLED: The Price of College Sports. Direção: Ross Finkel; Trevor Martin; Jonathan Paley. Produção de Makuhari Media Production, 2013.
THE Emperor's New Clothes. Direção: Michael Winterbottom. Produção de Revolution Films, 2015.
THE True Cost. Direção: Andrew Morgan. Produção de An Untold Production, 2015.
THE Untold History of the United States. Produção de Ixtlan Productions, 2012.
TROPHY Kids. Direção: Christopher Bell. Produção de Film 44, 2013.
WARNING: This Drug May Kill You. Direção: Perri Peltz. Produção de HBO, 2017.
WE'RE Not Broke. Direção: Victoria Bruce; Karin Hayes. Produção de Onshore Productions, 2012.

# O AUTOR

**Virgilio Galvão**, 46 anos, é paulistano e formado em Rádio e TV pela Faap. Durante 20 anos trabalhou como editor em produtoras independentes e emissoras como SBT, Rede TV! e Country Music Television. Dentre os programas em que atuou, destacam-se *Supernanny, De Frente com Gabi, Eliana, TV Fama, A Hora do Cachorro Louco, O Brasil é Aqui, Diário do Olivier* e *Mulher Invisível*, além de diversos comerciais, documentários e vídeos institucionais. Já visitou mais de 20 países e morou em Londres em 2002. Em 2015, mudou-se para Nova York para dar um novo rumo à sua vida pessoal e profissional. Desde então trabalha na área editorial e se dedica a escrever artigos para o blog *Estados Unidos na prática* (www.estadosunidosnapratica.com). É casado, tem uma filha linda e um cachorro rabugento.

**GRÁFICA PAYM**
Tel. [11] 4392-3344
paym@graficapaym.com.br